“町内会”は義務ですか？

～コミュニティーと自由の実践～

紙屋高雪 Kamiya Kousetsu

小学館新書

はじめに

これをお読みのあなたは町内会に入っています。

……と言うと、びっくりされるかたがいるかもしれません。

嘘ではありません。調査をすると9割近い人は町内会に入っていることになっているからです（本書第2章参照）。だから、「入っている」と断じても、それほど間違いはないのです。

「町内会」といってピンとこない人は「自治会」「区」「町会」という名称ならどうでしょう。本書は「町内会」で統一していますが、これらはすべて同じものです。

逆に、こう書くと、「『町内会』を知らない人間なんているのか」「自分が町内会に入っていることにびっくりする人間がいるのか」などと、全然別の驚き方をされる人もいるかもしれません。そんな「非常識」な大人がいるのか、と。

しかし、いるのです。町内会をよく知らないという人は、けっこうな割合で。

「町内会を知らない子どもたち」の皆さんへ

この本をつくるにあたって、東京在住のアラフォー（40歳前後）編集者がまわりの同世代に、町内会について意見を聞いてみてくれたのですが、驚くべきことに「町内会って何ですか」「聞いたことはあるけど、よく知らない」という反応が多数でした。

たしかに10代、20代の独身世代なら、こういう反応でも驚きはしません。しかし、配偶者も子どももいるような世代でこの反応はないだろ、というのが率直な私の感想でした。

ところが、これを編集者周辺の「異常な特殊事情」とも切り捨てられないと思うようになりました。

というのは、本書を書くためにさまざまなデータをあたっている中で、町内会へ加入していることを意識しているのは2割台にすぎない、という衝撃的なデータを見たからです（本書第2章参照）。

ということは、町内会というものを知らない、下手をすると見たことも聞いたこともない層、「町内会を知らない子どもたち」が膨大にいる、と考えねばなりません。まず本書をそんな人たちに読んでいただきたいと考えています。

「町内会って何？」と言ってはばからない、知らないにもほどがある、大多数の皆さんのために、町内会について「10秒でわかる解説」をしておきましょう。

町内会とは、防災・防犯・掃除・祭り・見守り・リサイクルなど、その地域のいろんな身近な問題を、住民自身が動いて解決する組織だとされています。また、その地域の住民の意見を代表する組織だということにもなっています。だから、地域ごとに1つだけつくられて、その地域に住む人たちは、みんな入ることになっています。建前としてはマンションもアパートも単身者も例外ではありません（本書第1章参照）。

みんな入る国民的組織という建前なのに、実際は2割しか自分が入っているという意識がないって、奇妙だと思いませんか。

本書はまずそんな人たちのために、「町内会ってこんなものですよ」という案内の役目を果たします。

といっても、行政が出しているような「ガイドブック」ではありません。タイトルを見てもらえばすでにわかりますが、行政や町内会側が出すような「こんなに大事で、すばらしいところですよ」という面だけではなく、町内会のダークサイド、暗黒面についてもお伝えしています。そこには、私自身が体験した「町内会活動でひどい目に遭ったこと」も含まれています。いわばルポルタージュとしても読んでいただきたいのです。

本当に町内会がどんなものだか見当もつかないという人は、本書の第1章43ページのところから読んでいただくとよいかもしれません。

ブラック企業、ママ友……コミュニティーと自由の問題

本書は町内会の話ですが、もう少し広く考えると、「コミュニティーと自由」の問題でもあります。

たとえば、保育園・幼稚園・小学校のママ友グループがあります。ママ友同士が情報を交換したり、ときには子どもを預けあったり、交流したりする居場所ともなる貴重な存在です。他方で、お互いの空気を読み合う場となって、緊張や対立が生じることがあります。ランチやイベントにいっしょに行かない、1人だけ同調しないという理由で、排除されたり、何となく冷たくされたり……その気疲れで心を病んでしまうケースもあ

ります。

あるいは会社。本来、企業と労働者は、やるべき仕事・働くべき時間が労働契約に定められており、それさえこなせばよいというドライな関係のはずです。ところが、日本の企業の中には、あたかも会社が一つの家族のようなものとしてとらえられ、目標をやりとげるために生活や、大げさにいうと思想・考え方までが丸ごと管理されたりするケースも少なくありません。こういう管理や統制が高じると「ブラック企業」ということになります。「残業はせずに帰ります」「休日は出勤できません」とドライに言えない関係に巻き込まれて、体や心を病んでしまう人たちもいます。

生活をより快適にするはずのコミュニティーや組織の中で、私たちは自分の自由を確保する術を持っておかないと、逆にそれらに喰い殺されてしまいます。

他方で、コミュニティーや組織の負の側面を恐れるあまり、そこから完全に遠ざかってしまえば、今度は逆の苦労を背負い込みかねません。たとえば、企業に入らずに自分で起業することで、あなたは上司に従わない自由を得られますが、かわりに自分で取引先をゼロから開拓し、下げたくもない頭をたくさん下げて回ることになるかもしれません。社会保険のような福利厚生も少なくともいったんは大きく切り下がる場合が多いでしょう。

コミュニティーや組織に飛び込みながら、自分の自由を確保し、コミュニティーや組織をうまく活用する――そうした方法が得られないでしょうか。本書をそのような「コミュニティーと自由」の関係をどう考えるかという本として読んでいただくのも面白いのではないかと思います。

もちろん、ママ友と町内会は違いますし、企業と町内会は違います。ここに書いてあることがそのまま他のことに通用するものではありません。しかし、結論めいたことを先に書いておけば、コミュニティーのつながりや関わりの強度を、従来よりもかなり思い切って下げたものにしなければならない時代になっている、という点では共通したものが見出せると思います。

町内会には入っているけど、面倒くさいなと思っているかたへ

次に、「町内会には入っているけど、何となく面倒くさいな、できれば逃れたいな」

と思っている人。あなたにも本書を読んでもらいたいと思っています。

たとえば、「町内会は強制加入が当たり前」「町内会で防犯灯（街灯）の管理維持をやるのは当たり前」と思われています。町内会役員にそんなふうに言われたことがあるでしょう。しかし、本書を読んでいただければ、実はそんなことはないことはわかります（本書序章、終章参照）。

本書は全国の町内会の例や歴史をお示しすることで、あなたの町内会で「当たり前だ」と言われてきたことをひっくり返してみせる爽快感をお約束します。

加えて、ちょっとした改革の方向もお示ししました（第3章、第4章）。そして実は、何よりもこの本を読んで、町内会との距離のとり方・つきあい方を考えていただき、そのことによって、町内会からまったく逃避するのではなく、町内会に関わってもいいかなと少しでも思ってもらえれば、そちらの方が私の望みでもあります。

町内会活動を熱心にされているかたへ

最後に、町内会活動をすでに一生懸命やっていらっしゃるあなた。あなたにも、ぜひ本書を読んでいただきたいと思っています。

世の中には、町内会やコミュニティーの役割を強調する本がたくさん出ています。「こんなふうにやったら町内会がうまくいった」という実践成功例もたくさん出ています。特に東日本大震災以後、「絆《きずな》」とか「コミュニティー」がやたらと持ち上げられ、町内会関連の研修会などに出るたびにそう言われてきたのではないでしょうか。

しかし、自分の足元をみると、そんな成功例とは裏腹に、加入は減り、高齢化もすすむ一方。役員などの担い手は固定化。どんどん活動がきつくなり、「成功例はわかったけど、それ、うちの町内会でいったら、誰がやるんだ？　オレ？」と心中、不安を抱えているのではありませんか。

そうした方々に本書を読んで、「こんな町内会もあるのか」「町内会というイメージを窮屈に考えすぎていた」と思っていただければ幸いです。

また、成功して躍進している町内会のかたからは、真摯《しんし》な批判や感想をぜひいただきたいと願っています。

私のスペック

遅れましたが、私のスペックを書いておきます。

私は1970年生まれで、町内会に関わりはじめたのは30代から。引っ越し先の地方都市・H市においてでした。連れあいと娘の3人家族で、ふだんは雇われて働き、給料をもらう生活をしていますが、余技にマンガ評論をやっています。ときどき本書内でもマンガの作品を紹介しているのはそのためです。

私はいわゆる「9時5時」(午前9時に出勤し午後5時に退勤)の、育児にある程度配慮してもらった就業形態。連れあいのほうが夜8時、9時まで働く「主たる家計支持者」、つまり稼ぎ頭で、私が毎晩の家事をやっています。町内会はもとより、保育園の保護者会、学校のPTAなどはもっぱら私の仕事。「そういうことはお前にまかせているだろう」ってやつです。

本書は、そんな私が、町内会についてほとんど何も知らないまま、いきなり町内会の会長になり、その体験と実践をつうじて考えた町内会論、ひいてはコミュニティーと自由についてのささやかな小論になっています。

なお、本書の中の私の体験については、プライバシーなどの配慮から、氏名・名称などを一部変更していること、そして本稿は私の所属する町内会・職場の見解を代表するものではないことを、あらかじめおことわりしておきます。

では、ごゆっくり本書をお楽しみください。

２０１４年8月31日　紙屋高雪

“町内会”は義務ですか？　■　目次

第3章　ゆるゆるな新町内会をつくってみた

序章

町内会って入らなくてもいいの？

1　イヤ〜な顔をされる加入勧誘

ここはUR（都市再生機構、旧公団）の、オートロックもない、築30年以上の古い団地です。

私は町内会の役員、会長をしています。会長として、いっしょに行った役員とともに、新しく団地に越してきた人のドアを開けます。

「団地の自治会（※町内会のこと）ですけど…」

と切り出します。中から出てきた人は「なに？」とけげんな顔をしますが、

「あのう…自治会への加入をお願いしたいと思っておうかがいしました」

と口にすると、実にイヤ〜な顔をする人がいます。私は営業で知らない人の家に飛び込むというのをやったことがありますが、あれに似ています。ああいうものに出遭ったときの顔です。

もちろん、こころよく加入してくれる人もいます。うちの団地ではだいたい半々くらいでした。

嫌がる理由は何でしょうか。

私はこうした加入の現場で、あるいは「もう自治会をやめる」「町内会なんて入らない」と言い出した場合に、必ずその理由をうかがいます。そうすると、だいたい3種類くらいのパターンに分けられます。

一つは、「完全な人嫌い」というパターンです。まあ、これは例外ですね。

2 「何をしているかわからん」「抜けられない」

二つ目は、「町内会が何をしているのかわからない（だから入らない／やめる）」とおっしゃる方です。私たちの自治会（町内会）の会費は年間4000円でした。300世帯もあれば年間120万円も集まってきます。そんな金を一体何に使っているのか、と不信感がいっぱいなわけです。

もちろん、私たちの自治会では会計を団地の全戸に配る広報紙に載せています。会計簿も誰でも見られるように公開しています。少ない人数での運営なのでこれだけでもけっこう手間がかかりますから、運営スタッフからすれば「何をしているかわからない」と言われるとカチンときます。「自治会費を何に使っているか、ぜんぜん知らされないでしょ？」と言ってきた住民に、スタッフの一人が怒り出したことがあります。

しかし、住民は広報紙をいつも見るわけではないですし、何かの広告のチラシだと思って捨ててしまったかもしれません。広報がゆきとどいていないのは、運営側（役員）の責任なのです。

それに、「町内会が何をしているのかわからない」と言う人たちは、お金の使い方が広報されたかどうかを問題にしているというよりは、「町内会がやっている活動って意味があるの？」と思っていることの方が多いのです。後で述べますが、その中には花を植えたり、地域の掃除をしたり、お祭りの準備をしたりすることが含まれています。こうした活動は、不要と見る人たちからみれば不要なのでしょう。

三つ目は「役が大変」「やめさせてくれない」という理由。先ほどの二つ目の意見はどちらかといえば、お客さん的な意識です。自分ではない運営スタッフがやっていることへの不信感ですけど、この三つ目の理由は、自分が運営スタッフになった場合、つまり何かしら町内会の役・当番に自分がなってしまった場合の大変さを強調しています。逆にいえば、当事者である、当事者になりうることを強く意識した言い分です。

私の団地ではクジ引きによる当番制や役員選出がありませんでしたが、これは団地の自治会などではごく普通にみられるものです。たとえばこんなパターンでしょうか――まず、フロアや番地などで班や組をつくっていて（10人1組くらい）、「今年はおたくが当番ですよ」と言って前任者から札とかステッカーが回ってきます。輪番で班長をやれというのです。仕方なく引き受けて班長の集まりに出ますが、班長の中から今年の会長と副会長を選ぶことになります。もちろん率先して手をあげる人はいません。

そこでクジ引き。「運悪く」会長になってしまいます。「いや、今年私は、会社で重大プロジェクトのリーダーになっていてとても無理です！」と叫びますが、「忙しいのはみんな同じなんです」と、パッと見で引退してヒマそうなお爺さんが静かにたしなめます。まあ、会長はいつも同じ人がやっていて、副会長とか会計がこんなふうに決まる場合もあります。

そこから怒濤《どとう》の日々が始まるのです。

役員や班長の定例の会議、その準備、総会の委任状集め、印刷物の準備、夏祭り・餅つきの打ち合わせ、物品の手配確認、地域の他の町内会・自治会とのつきあいの会合への出席、小学校単位でのイベントのお手伝い、親睦のための飲み会、行政などとの交渉・陳情、広報紙のチェック、集金できない世帯についての相談、住民から持ち込まれる苦情や相談への対応、夜回りをしていてタバコを吸っている少年たちとの対峙、学校や近隣の大病院のイベントへの出席……これでもごく一部でして、全部は書きませんが、「今日も早退かね。いっそ会社を辞めて、町内会に就職したらどうか」などと職場で嫌味を言われ、ひいひい言いながらようやく1年を終えるのです。

もっとひどいのは、班長や役員の輪番すらなく、頼みこまれて1年だけ役を引き受けたものの、かわりの後継者が見つけられず、「引き継ぐ人を見つけてからやめてください」などと言い渡されて、毎年毎年えんえん役を降りられずにいることもあります。無限ループから抜けられない、というわけです。

もちろんそんな町内会ばかりではありませんが、そういう町内会が少なくないのも事実です。そんな体験をしてしまうと、もう二度と町内会にはかかわりたくない、と思う人がいても無理はありません。

前に住んでいた公営住宅の町内会でこういう目に遭ったという人がいて、「もう二度と嫌だ」と吐き捨てるように言われたことがあります。「いや、うちはそんなことはしません」と説得しますが、どうにも聞き入れてくれません。よほどつらい体験だったようです。

3 任意加入 これがすべての出発点

イヤ～な顔をされることが多い町内会の加入。この件に関しては、よく質問されることがあります。

「町内会って、強制ですか？」

「強制ですか」ときましたか。「町内会とは強制である」というのはよく考えるとものすごいフレーズですし、「結婚とは忍耐である」みたいに、何か本質的すぎることを言っているようにも聞こえますが、もちろん、これは「強制加入ですか」という意味でしょう。「町内会って義務ですか？」と言い換えてもいいかもしれません。戸建てが多い田舎の町内会や、逆に都心の公営住宅などの町内会では、「入るのが当然です」という扱いをされることが少なくありません。良くも悪くもコミュニティーとしての圧力が非常に強いのです。

「町内会って入らないとダメですか？」

「ええ。もちろんです。会費は2カ月に1回で1000円です。それから回覧板は…」

と取り付くしまもなく、実務的な説明が始まっていきます。入って当然、という流れです。

しかし実は、町内会への加入は義務ではありません。

この問題は、長らく議論がありました。町内会の役割を強調したい人たちは、町内会加入は義務だと主張します。町内会の役割を否定したい人たちは加入は任意、つまり入る・入らないはその人の自由なのだと言います。

そしてついにこの問題で裁判にまでなってしまい、最高裁判所にまで争いがもちこまれました。最高裁が下した判決があります。それは、〝町内会は強制加入団体ではなく、脱退は自由〟という判決でした。

この裁判は、県営団地に入ったAさんが、団地自治会（町内会のことです）の役員方針に不満で退会を申し入れ、以後の自治会費を払いませんでした。そのために団地自治会側は裁判をおこし、自治会費を払うように求めたのです。

この裁判は、地裁と高裁でAさん側が負けました。しかし、最高裁で逆転勝利したのです（2005年4月26日最高裁第三小法廷）。

ちょっと長いですけど、判決を一部引用しましょう。

被上告人〔団地自治会〕は会員の親ぼくを図ること、快適な環境の維持管理及び共同の利害に対処すること、会員相互の福祉・助け合いを行うことを目的として設立された権利能力のない社団であり、いわゆる強制加入団体でもなく、その規約において会員の退会を制限する規定を設けていないのであるから、被上告人〔団地自治会〕の会員は、いつでも被上告人〔団地自治会〕に対する一方的意思表示により被上告人〔団地自治会〕を退会することができると解するのが相当であり、本件退会の申入れは有効であるというべきである。

このケースでは、その団地自治会を退会するさいの規約が、もう少し念が入っていれば結論自体はどうなっていたかわかりませんが、肝心なのは、自治会（町内会）っていうのは強制加入団体じゃないよね、と断じている点でしょう。

この判決は、もっと立ち入ると共益費がからんだり、いろいろとややこしいのですが、ここではそのあたりをすっとばして、町内会が強制加入じゃないんだということを最高裁が結論づけた、という点だけにざっくり注目します。

最高裁で判決が下ったということは、法律に準じるほどの強い効果があります。

私は、法律や判決で下ったことがみんな正しい、あるいは、その法の考えに無条件に従うべきだ、という立場には立ちません。

しかし、この判決は、私の主張の組み立てに沿うものでした。だから、私はこの判決、つまり確立されたルールを尊重すべきだと言いたい。

町内会には関わりたくないな、と思っている逃げ腰の人にとっては、このルールがいかに役立つかはとてもわかりやすいことです。

でも、それだけではありません。

私がつとめた町内会長をはじめ、町内会活動を積極的に担っている人たち――町内会の加入や会費の集金で苦労している人たちにとっても、実はこの判決が確立したルール

(〝町内会は強制加入じゃないよ、任意なんだよ〟)を出発点・原点にしなければならないと思うのです。

言い方をかえると、どんなに活発で、参加者が多い町内会であっても、〝加入は自発的意思であり、任意だ〟ということです。それはこれからの時代に町内会を発展させるというか、生き残らせて、リニューアルしていくためにも欠かせない大原則だと思うのです。

なぜそう言えるのか。それをこれから見ていくことにします。

第1章

町内会は必要です！

1　町内会長が死んだ！——なんで私が会長に

私が町内会に入ったとき

私が、あるＵＲ（都市再生機構・旧公団）の賃貸団地に連れあいと引っ越してきたとき、所帯をもち、家族と生活して、はじめて町内会（「自治会」という名称でした）というものに入りました。

夕飯の支度を私がしていると、ドアチャイムが鳴りました。開けると、30代くらいの子育てママ風の女性が立っていました。

「あの〜、団地の自治会なんですけど、紙屋さんですよね。ぜひ自治会の方に入っていただけないかと思ってやってきたんですけど」

「いいですよ」

二つ返事で入りました。

なぜでしょうか。それは独身時代（30代半ば頃まで）に当時の職場で、私以外の人はすべて所帯持ちで、その会話の中に、町内会の話がいっぱい出てきていたからです。所帯持ち、つまり結婚し、子どもがいた人たちは、町内会の仕事や人づきあいをこなしていました。職業人としてだけでなく、地域の市民として活動してこそ一人前、というような〝まぶしさ〟がそこにありました。

独身時代の職場で、日曜日の予定を同僚に聞いたとき、笑いながら、

「その日は、紙屋さんが知るよしもない、町内会の掃除があるんですよ」

と教えてくれたことがあります。へぇ、一人前になるとそういうものがあるのか、と感心したような、うとましいような感慨にとらわれました。

そうです。所帯持ちこそ一人前、自分の食い扶持《ぶち》を稼ぐ仕事をするだけでなく、地域の活動の義務を果たしてこそ立派な「市民」（権利と義務をもつ、社会や国家の構成員）である、という考えを知らず知らずに植えつけられていたのかもしれません。よく考えてみれば「所帯持ち＝一人前」という発想は単なる思い込みにすぎないと当時もわかっていたはずなのですが、心のどこかでそういう考えにとらわれていて、それゆえに二つ返事で町内会加入をしたのではないでしょうか。

独身者むけのワンルームマンションの住民を最初から相手にしていない町内会は少なくありません。町内会のお知らせをする回覧板は回ってこず、町内会の役・当番、行事

参加などは最初から求められていないのです。

もちろん、独身者も視野に入れ、会員にしている町内会も当然存在します。しかし、政府の統計でも、単身者の7割が「自治会・町内会には参加していない」と回答しています。

良いか悪いかは別として、町内会活動への参加は「一人前の市民・公民（国家や社会を構成する一員）の義務」としてとらえられているふしがあります。

会長が突然亡くなって

自治会（町内会）入会から2年くらいすぎました。その間、私は自治会費を払い続けていましたが、自治会の役が回ってきたことは一度もありませんでした。

そんな中で突然、自治会長が亡くなりました。

本当に突然でした。

70代の男性で、もう長いこと自治会長をされていました。仮に黒木さんとしておきます。後で歴代の自治会長の任期を見たのですが、1980年代に団地の自治会ができたころは正副会長が2年交代くらいで回っていました。しかし、90年代の半ばくらいからうまくいかなくなり、黒木さんがずっと会長をつとめている状態になってしまいました。副会長を仮に大岡さんと呼んでおきます。大岡さんは60代の男性で、「最初『ちょっと会計を手伝ってくれ』と言われて軽い気持ちで引き受けたら、抜けられなくなって、ついに二十数年、副会長をやるハメになりましたよ」と自嘲しながら自治会での自分の経歴を話します。

大岡副会長にとっても、黒木さんの死は突然すぎたようで、何の備えもありませんでした。

町内会の会長職というのはとにかく忙しい。特に近隣地域（小学校区。この地方では「校区」と言っています）の他の町内会関係者との集まりやイベントへの出席・動員（これをこの地方では「出ごと」と言っています）などが多いのです。

副会長の大岡さんは非常に献身的に自治会の仕事をしてくれていた人です。だから、会長職が忙しいとはいっても、ある程度のことであればそれに耐えたでしょう。しかし、まともにやった場合、会長の仕事の量の多さはケタが違いました。大岡さんは、この当時、まだ現役で、会社員として働いていました。

大岡さんは考え抜いたあげく、次のような趣旨の一枚のチラシをつくって配布しました。

「このたび黒木会長が急逝されました。副会長の私はとても会長をつとめることはできません。どなたか代わりに自治会長に立候補していただけませんか。もし期間内に立候補がなければ、自治会は休会とさせていただきます」

それで誰も手をあげなかったのです。

ところがそのとき、浜田さんと鶴島さん（いずれも仮名）という私と同年代（30〜40代くらい）のかたが、私を訪ねてきました。浜田さんと鶴島さんと私は仕事関係でつきあいがある知人だったからです。浜田さんと鶴島さんは、自治会の夏祭りや餅つきで積極的に協力していた人たちでした。

女性の浜田さんが私に言いました。

「黒木会長が亡くなられて、自治会がなくなってしまいそうになってるんです。それで、誰か会長や役員をやれないか、相談したいんですが……」

私はノコノコとその会合に出かけていったのです。

果たせるかな、その相談の場にいたのは、私と浜田さんと鶴島さんだけでした。浜田さんは、

「せっかく自治会があって住民のつながりがあるのに、このままなくなるのはまことに惜しいと思うんです。夏祭りや餅つきもなくなってしまうわけですから。そこで、誰かがやるってわけじゃないんですが、みんなで協力し合って細々とでも続けていこうじゃないかと思うんですよ」

と切り出し、私は素直に「なるほど」と思いました。だから、

「たしかにそうですね」

などとうなずいたのです。

「で、誰か形だけでもいいので、会長をやってくれないかと……」

私を見つめたわけではありませんが、3人だけがいて、私も呼んだということはかなりの確率で私に期待していることが感じ取れました。実は、私は亡くなった黒木会長とは一度も面識がありませんでした。何の自治会の役もしなかったし、夏祭りも餅つきも

出なかったからです。

浜田さんも鶴島さんもそのことはよく知っていたはずです。

なのに、どうしてこんな話を持ってきたのでしょうか。

実は、私は大学時代に学生自治会の役員をやっていました。学生自治会というのは、まあ、中学校や高校にある生徒会のようなものだとまずは考えてもらっていいでしょう。その全国団体の役員もしていたこともあります。浜田さんも鶴島さんも、私のそういう経歴を知っていました。だから、この男なら、御輿《みこし》の上にかつがれてもいい、と言いだすのではないかという目算があったのだと思います。

実際、私が「浜田さんはどうですか」とか「鶴島さんはどうなんですか」と水を向けると、「うーん、私はもちろんいっしょにやりますが、会長には…」とか「私も支えますけど、会長職は…」と言葉を濁すのです。

私はほとんど考えなしに言ってしまったと思うのですが、

「じゃあ、私が形だけなら会長になりましょうか」

と言いました。それがあまりに即応だったので、

「ホントですか!?」

と、切り出した浜田さんの方が驚いていました。

「ただ、私も仕事や子育てがありますから、全部はできません」

と言いました。

「ええ、そりゃあもう、できる範囲で」

「校区の、その『出ごと』ってやつは、どれくらいの頻度であるんですか？」

「月に1回、定例の会議があるんですよ」

「それだけですか」

「まあ、他にもありますけど」

「それは出られるかどうかわかりませんね。それでもいいなら」

「ああ、はい。じゃあ、校区の方のつきあいは、まあ、あんまりなしってことで」

この時点で、私は町内会の会長の仕事量がどれほどのものか、ほとんど確認なしに引き受けてしまいました。まあ、不用心というか無責任というか、何とでも言ってほしいのですが、当時の私にいわせれば、「あらかじめ条件を限定すれば引き受ける仕事量の歯止めになる」と信じていました。もっと言えば「どうせ私が引き受けなければ、自治会は崩壊するのだから、いざとなれば放り出してもいいだろう」とすら考えていたからかもしれません。

それにしても……。

私を支えてくれる、と言ったはずの同年代の、浜田さん・鶴島さん一家がどちらも、それからほどなくして、団地から引っ越していってしまわれたのには、正直泡を食いました。完全にハシゴを外されたかっこうです。客観的にみるとまんまとハメられた大馬鹿ということになります。

しかし、この2人にはおそらく悪意はなかったと思っています。どちらも親御さんとの同居が急きょ決まり、引っ越さざるを得なかったからです。しかもどちらの家も子どもが2人いて、URの古い住宅ではいかにも手狭な状態だったことは間違いないのです。浜田さんも、鶴島さんも、悪いなと思われたのでしょう、引っ越しをされてからしばらくの間、自治会の行事のたびに団地に手伝いに来てくれました。

何を私にやってほしかったのか

浜田さんも、鶴島さんも、私に何をやってほしかったのでしょうか。2人が私を口説いた言葉にもあったように、夏祭りや餅つき、こういう住民の親睦のための行事をどうしても残したかったのです。

実質的な仕切りは大岡さんがやってくれる。なのに、「住民の代表」としてふるまう、その役目をやりたくないばかりに、自治会が滅んでしまうのは、何とももったいない、という気持ちだったのです。

お飾り、あるいは名前だけでもいいので、会長の仕事を引き受けてくれないか、そうすれば夏祭りや餅つきは続いていく――そういう思惑で浜田さんも鶴島さんも奔走されたのでしょう。

別の言い方をすれば、私が住んでいる団地自治会の一番大きな仕事は、夏祭りと餅つきでした。

私の住んでいる団地は、昔は農村で、田んぼや畑を埋め立ててアパートや団地が建ったという地域にあります。昔は農家であった家・土地をもっている地主のかたたちと、私たちのような賃貸の団地に引っ越してきた家庭とは、おのずと地域に求めるものが違ってきます。

一般的に、URのような賃貸団地に住む層は、とりわけ最近の子育て層をみると、一生そこに住むという選択をしない世帯が増えています。私の団地でみると、子育ての最初のステージでここを利用し、そのあと、別の広い家に引っ越してしまう、という人が目立ってきています。他方で、以前から住んでいた層は高齢化しながら死ぬまでそこに住んでいます。

そういう団地では、ちょっとしたことでいいから、つながりの機会がほしい、深い近所づきあいでなくてもいいから、エレベーターにいっしょに乗り合わせたときにはあいさつや簡単な会話をこなせる関係くらいをつくりたい、と考えるのです。

たとえば、町内会のメリットとして、よく防災がたとえに出されます。避難訓練をやったり防災組織があればいざというとき助かりますよ、というふうに言われますが、そんな仰々《ぎょうぎょう》しいものでなくてもいいのです。たとえば、大きな地震や洪水に被災して避難所に行ったとき、まわりが一度も声をかけたことのない人ばかりなのか、よくあいさつするような顔見知りがいるのか、それだけでも全然安心感が違うのではないでしょうか。「大変でしたねえ」という会話が始められる、そんな関係が日頃のちょっとした努力でできるようになれば、防災だけでなく、何かあった時に声をかけあえるはずです。

そのために、夏祭りや餅つきで、スタッフとしていっしょに作業をする経験は、まさにちょっとしたきっかけづくりです。夏祭りに参加するにしても、ただ消費者として参加するだけでは、なかなか親しくなれません。そのへんの神社のお祭りに行って、露店で何かを買っているだけでは、誰とも親しくなれないのと同じです。多少億劫《おっくう》であっても、自治会の係として夏祭りのスタッフの側にまわってみることで、いっしょに買い出しに行ったり、準備会議で「ラムネは、スーパーよりも、実は商店街の方が安いよ」という情報をあげたり、提灯《ちょうちん》をつるす作業に汗を流したりして、顔見知りになっていくものです。

2006年度に学者たちが全国の町内会に対して、初めて大規模な全国調査をかけたことがあります（「町内会・自治会など近隣住民組織に関する全国調査」）。以後、本書ではこの調査を「全国調査」と呼びます)。

「全国調査」では、74・6％の町内会が祭りや親睦のための行事を実施していると回答し、「全国調査」を分析した本では、「親睦活動への取り組みが社会関係資本と大きな関連をもっている」と指摘されています。

「社会関係資本」というのはちょっと難しい言葉ですが、わかりやすくいえば、「見返りを期待しない、信頼できて助け合える、人々のつながり」ということです。友達関係なんかはそうですし、ご近所づきあいでも、困ったときに話しあったり、お裾分《すそわ》けをしあったり、情報交換したり、実際にちょっと助けてくれるくらいの関係のあるものを指します。

浜田さんや鶴島さんは、自治会をなんとか維持すれば、夏祭りや餅つきは続く、そうすれば団地住民の社会関係資本は維持される……ということを本当は言いたかったのです。「とにかく形だけでも会長を」ということを私に期待し、そのピースさえあれば、パズルがどうにかこうにか完成するという気持ちだったといえます。

図１-１　近隣住民組織の名称

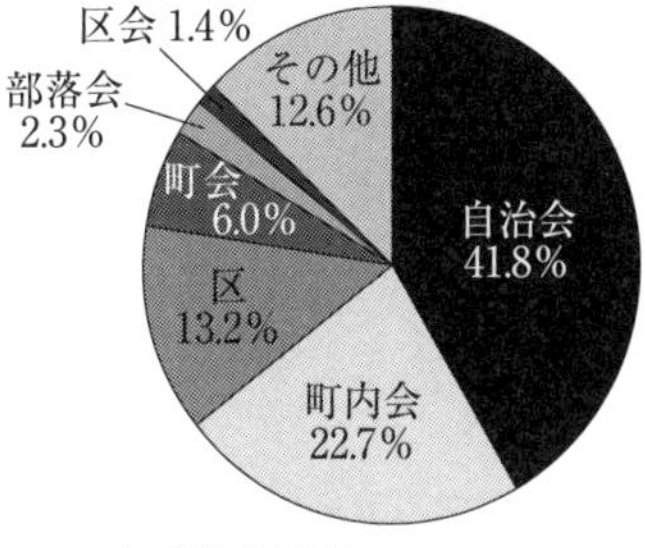

2007年総務省調査
全国29万4359組織を対象

2　町内会ってなに？ 自治会とは違うの？

ところで、町内会とは一体なんでしょうか。今まであまり大した説明もなく「町内会」「自治会」と使ってきました。「町内会」と「自治会」とはどう違うのでしょうか。

結論を言いましょう。自治会と町内会は同じものだと思ってもらってかまいません。

全国には約30万もの町内会組織があります。政府の調査によれば、「自治会」という名前のところが41・8%、「町内会」が22・7%、「区」が13・2%、「町会」が6・0%となっています。他にも「部落会」「区会」などというのもあります（図1―1）。「自治会」と呼んでいるところの方が多いんですね。特に団地やマンションでは「町内会」の名称があまり使われず「自治会」がほとんどです。なので、本書でも私がいる団地の町内会組織を言うときは「自治会」「団地自治会」と書いていますが、「町内会」とまったく同じものだと思ってお読みください。

名前の問題にみられるように、地域によって町内会のあり方は実に多様です。だから、私が描き出す町内会の姿をみて、「自分の知っている町内会とずいぶん違うなあ」と思うこともあるかもしれませんが、あくまで平均的なもの、あるいは一つのモデルだと思って読んでください。

町内会は、原則としてその地域区画に1つだけあります。そして、その地域のすべての住民が入ることが建前になっています（全員加入制）。いや、正確には「全員の加入をめざす」というふうに言うべきですが、まあ、ちょっとここではおいておきましょう。

町内会はどれくらいの世帯を受け持っているのでしょうか。「全国調査」によれば、平均で228・1世帯です。私のいる団地も300世帯ほどがあり、そこで1つの町内会（自治会）をつくっていましたから、だいたいこれは実感に合っているような気がします。

どんなことをしているの？

ここはひとつ、行政がつくっている公式パンフレットにどんなふうに書かれているかを見てみることにしましょう。

たとえば福岡市の『自治会活動ハンドブック　第2次改訂版』（福岡市自治協議会等7区会長会監修）を開くと「どんな活動が行われているの？」という項目では、大きく「住民同士の交流を深めるための活動」（交流）と「地域の課題解決に向けた活動」（地域課題解決）とに分かれた柱立てがされています。簡単にいえば、この2つが町内会の仕事ということになります。

全部ではありませんが、ちょっとのぞいてみましょう。

●夏祭りなど地域のお祭り

これはさっき述べました。ふだんは決して集うことのない大人と子どもがわらわらと出てきて、出店のかき氷を買ったり、焼鳥やビールを飲み食いし、子どもたちが紙ひこうきを飛ばし合ったりしている姿を見ると「ここは単なるアパートではなくてコミュニティーなのだ」という思いをいだくことができます。

率直にいって、私個人でいえば、いわゆる「祭り好き」でもなんでもなく、完全なインドア派であり、夏祭りの準備などしたくありません。面倒くさいのです。憂鬱《ゆううつ》といってもいい。それでも「これで団地の一体感や親睦が維持できるなら」と思い定めてやってきました。そして、終わってスタッフと打ち上げのお酒を飲んだりしていると、「ああ、やってよかったかもな」としみじみ思います。1年たって、祭りの前になると、また憂鬱になりますが…。

しかし、近隣の町内会をみると、夏祭りを個別の町内会でやっているところは、ほとんどありませんでした。小学校区に30くらい町内会がありましたが、やっていたのは3～4町内会だけです。どこも私たちの自治会よりかなり組織体制がしっかりしているのに、です。集まれる空間が確保できないうえに、町内会の担い手が減っていることが原因です。そこで小学校の校庭で、校区一本で夏祭りを行い、数千人が集まったりしていました。

●回覧板による住民への広報活動

町内会といえば回覧板、というくらいセットになったイメージです。

私たちの地域では、９割以上が小学校区全体の共通の印刷物でした。最近空き巣が増えたので気をつけてくださいとか、先月お年寄りが集まってお食事会をやったとか、小学校のバザーに何か出してくださいとか、こんど花壇に花を植えるのでみんな来てくださいとか、行政（市・交番・学校）や校区の自治組織・自主組織（町内会の連合体など）が出している情報です。

きれいな印刷物なのですが、「全戸に配る予算はないので」といわんばかりに回覧板で回覧されているのです。しかもそういうチラシめいたものが、一度に十数枚束になって回覧板にくくられていると、およそ読む気がなくなります。

回覧板のよいところは、回覧板を回すときに、隣の家と必ずあいさつをかわせることでしょう。しかし、隣の家はいつも留守で、単に回覧板をドアポストに突っ込んでおくだけ、というのがしばしば聞く実態でした。その結果、回覧板が「行方不明」になる、ということもよくおきました。

そして、昔はともかく、今は読まない人もたくさんいます。私のいた団地自治会では、広報紙をつくり、全戸に配っていました。

●防犯灯の設置と維持管理

「えっ、街灯って行政がつけてるんじゃないの?」と思った人もいるでしょう。最小限の道路照明は、たしかに行政が設置しています。

しかし、そうした最小限の場所以外に、「あそこは暗いので明かりがほしい」という場所があります。こういうところは、実は町内会も設置・維持(電気代など)の費用を出し、それに行政が一定の補助を出して、明かりがつく場合が多いのです。

町内会ではなく自治体によって設置された防犯灯

逆に言えば、町内会のお金が出せる範囲で防犯灯がどれくらいつけられるか、決まってしまうといえます。それ以上にどうしてもつけたい、というケースをみたことがあります。川ぞいの暗い道に沿ってつけたいけども、町内会ではもうお手上げ、という状況。そこで、町内会ではなく、住民が行政にかけあって、行政のお金で街灯をつけさせていました。

私は、街灯というのは、社会的インフラだと思います。なぜ税金で設置せずに、このような町内会組織を間にはさむのか、不思議に思っているのですが…。

●公園・道路などの清掃活動、資源物回収などのリサイクル活動

全国的にみると、「清掃」と「ゴミ」は最も多くの町内会がとりくんでいる仕事です。

「全国調査」では、「清掃・美化」にとりくんでいる町内会は88・5%、「生活道路の管理」は87・2%、「ゴミ処理」は69・5%です。ちなみに「リサイクル」という項目にすると、47・7%になります。

清掃のとりくみ方は、千差万別です。

私のいる地域でいえば、年に数回、校区でいっせいにゴミ拾い・清掃・草取りをやるというのが基本でした。

中でも、団地の自治会は極端に分かれます。

私が住んでいる団地の近くの、ある公営団地の自治会は、毎週団地の中の広場、前の道路、共用の廊下などを掃除していました。当番で回ってきますが、休むと罰金、というか出たくない人は1000円お金を支払います。それを元手にして、別の人に日当として渡し、不足する労働力を補うのです。

他方、私の住んでいるURの団地自治会は、清掃をしません。理由は簡単です。UR側が業者に委託して団地内をほぼ毎日清掃してもらっていたからです。除草や剪定《せんてい》は年4回、これも業者に頼んでいました。業者に頼む元手は、住民の共益費です。URの共益費は、自治会に入っている・いないにかかわらず、UR側が必ず徴収します。

つまり、自分たちの人手でまかなうか（労働）、金銭で業者に委託するか（金銭）――某公営団地と私たちの住んでいるUR団地は考えがきっぱり分かれているのです。

ここには町内会が担う仕事についての大事な分かれ道がひそんでいます。

労働でまかなう考えのメリットは、まず共益費が安くすみます。そして自分たちで掃除をすることによって、自分たちの団地に愛着がわきます。ゴミが散らかっていれば、「まったく…誰が掃除すると思っているんだ！」という気持ちになり、積極的に拾います。これが一番大事かもしれません。また、みんなで掃除をする中で、お互いが親しくなります。休日に1時間や2時間で終わるものであれば、よい運動になります。

金銭でまかなう考えのメリットは、何よりもわずらわしくないことです。他人がやってくれるんですから。面倒な当番もないし、「草取りに出てこい」「出ません」というトラブルもありません。掃除の質にムラがなく、確実です。悪ければ、UR（管理者）側を通じて「もっとちゃんとやってくれ」と苦情を言うことができます。そして、フリーライダー（ただ乗りする人）がいません。町内会に入っている・いないにかかわらず、共益費から取られるわけですから。

一方のメリットはそのまま他方のデメリットになることはもうおわかりでしょうか。あなたは、どちらがいいと思いますか。

ところで、いま述べたように、私のいるUR団地は住民の掃除はありませんでしたが、草取りが年4回しかないので、団地の中にある子どもの遊び場は夏になるとすぐ草ぼうぼうになってしまいます。夏に一度切ってもすぐに生えてきてしまうので、夏場はその公園で遊ぶ子どもがいなくなってしまいます。

私はURとの懇談の中で、この草刈りの回数を増やしてもらうよう求め、共益費高騰などにはね返らないことを互いに確認したうえで、それを実現したこともあります。しかし、それでも夏場の草勢は強い。少しくらい回数をふやしただけでは、なかなか追いつかないものです。

一度だけ自治会で草むしりをやってみようと呼びかけたことがあります。その際、「ヤギによる除草」をやろうとしました。ヤギは勝手に草を食べてくれるからですが、何よりも「動物がやってくる」というので子どもが寄ってくるし、それにつられて子育て世代の親がやってくると考えたからです。

幸いにも、「ヤギをレンタルします」（1日5000円程度）という建設会社があったので連絡をとり、数十キロ離れたところからヤギを運んでもらう手はずを整えました。

一応UR側にも許可を得ておこうと書面で申し入れました。

ところが、結果はバツ。動物をURの敷地内に入れてはいけない、と申し訳なさそうに回答がありました。少しやりとりしましたが、日にちがなかったこともあり、断念しました。

その後、別のUR団地で、社会実験としてヤギによる除草が大規模におこなわれた、という報道をテレビで見ました。……ちょっと悔しかったですね（笑）。

●発電、焼酎販売…ビジネスにとりくむ町内会も

町内会というとこうした「無償・無料の使役」というイメージがありますが、ビジネスをやっている町内会もあります。

たとえば、夏祭り。私のいる団地自治会では、焼鳥・綿菓子・ビールなどを売ったので、経費を引いても黒字になりました。「ビジネス」というと大げさですが、一種の事業収入です。

しかし、これをもっと大規模にやっている町内会もあります。

兵庫県丹波市の山王自治会というところは、太陽光発電事業を始め、その売電収入で潤っています。この町内会は地域に12世帯43人しかいません。60代以上が半数をしめる、高齢化と過疎がすすんだ地域です。

高齢化がすすみすぎて、町内会として何か事業をやることも困難で、町内会費がどんどんたまっていきました。その貯蓄170万円を元手にして太陽光発電に着手。売電収入によって、月5000円の町内会費が半額になり、軌道にのれば無料化も展望しています。

焼酎を売っている町内会もあります。

鹿児島県鹿屋市の柳谷町内会は遊休農地を使って、からいもを作り、焼酎の域内販売にとりくんでいます。ここで得た儲《もう》けは、足の不自由な高齢者向けの押し車を借り上げる資金として運用されています。

●高齢者の見守り、住民の相談、生活支援

東京都立川市にある都営団地の大山自治会は住民数が３２００人にも及びながら、自治会加入１００％、会費納入もほぼ１００％というすごい自治会です。

自治会長の佐藤良子さんが『命を守る東京都立川市の自治会』（廣済堂新書）という本の中でその経験を紹介しています。

この自治会では高齢者の孤独死事件をきっかけに、両隣の様子に注意してもらうようにし、姿をみかけない、新聞や郵便物がポストにたまっている、洗濯ものが干しっぱなしなどの異変があったらすぐ連絡をしてもらうようにし、２００４年以来、孤独死をゼロにしています。

また、住民の安心のために、自治会長の携帯電話を公開。24時間、３６５日オープンにし、住民の相談を受け付けています。年間１００件前後かかるそうです。

実は、私もこの本を読んで、「24時間、３６５日」をマネしてみました。

無茶苦茶に電話がかかってくるのかと思ったのですが、２カ月に１本程度でした。大山団地とだいぶ違いますね。やはり蓄積や信頼度が低いんでしょうか（笑）。ちなみに、

「換気扇にミツバチの巣がある」「上の階の騒音がひどい」「風呂の操作盤がこわれた」「メールの使い方教えて」などの相談がよせられています。

「生活支援」ということでは、近所の公営住宅の団地自治会では、大学の研究者と協力し、地元業者を呼んで、団地の広場で「青空市」を開いていました。

団地のまわりの商店が消滅し、遠くまで自動車で買い物に行くようになるのですが、私がその団地の高齢者のみなさんに聞き取りをしたとき、年をとると、立体駐車場に車を入れるだけでもおそろしく体力を消耗するとおっしゃっていました。大きなスーパーでカゴをもったりワゴンを押して、人ごみをかき分けて買い物をすると、もうクタクタになってしまうそうです。

これは私には想像できませんでした。

そこで団地で生鮮3品（野菜、肉、魚）を売るようにした、といいます。

私もその「青空市」見せてもらいましたが、買い物の便利さもさることながら、団地で集まっておしゃべりができる空間が生まれていて、そちらの効果の方も大きいように思われました。

●町内会で葬式

町内会が葬式を仕切ることは田舎ではそれほど珍しいことではありません。「全国調査」では「慶弔」の活動をしている町内会は68・9％に及び、この調査を分析した『現代日本の自治会・町内会』という本では、

「近年では、結婚式はもとより、葬式も業者に手配を依頼したり葬儀会館などで行う場合もみられるが、それでも自治会が関与する場合が多い」

と述べています。私の実家も田舎ですが、私の祖父母が亡くなったとき、通夜は近所の方々が家に来て、総出で準備をしてくれました。

結局町内会とは何なのか

さて、こういうふうに紹介してきて、「町内会とは何か」、イメージしてもらえたでしょうか。

ワシントン大学で日本社会の研究をしているペッカネン准教授は、

「自治会とは一定の範囲の地域（近隣地域）の居住者からなり、その地域にかかわる多様な活動を行う組織」

と定義しています。

これはとても簡単でわかりやすい定義です。

ただ、町内会活動をしている身としては、ここには大事な原則が抜けているようにも思われます。社会学者の中田実氏（名古屋大学名誉教授）は、町内会の客観的な特徴として次の5点をあげています。

①一定の世帯区画をもち、その区画が相互に重なり合わない
②世帯を単位として構成される
③原則として全世帯（戸）加入の考えに立つ
④地域の諸課題に包括的に関与する（公共私の全体にわたる事業を担当）

⑤それらの結果として、行政や外部の第三者にたいして地域を代表する組織となる
　どちらの定義も地域の課題を解決するという点は同じですが、ペッカネン氏の定義は、住民の全員が入っていてその地域を代表する公的な性格をもっているという側面が弱く、中田氏はそれが強調されています。

　たとえば、私の住む団地の近くに何度も事故が起きる危険な交差点があり、これを改良させたことがありますが、この問題を例にとって考えてみましょう。

　行政は、住民の意見を聞かなくてはなりません。実際、その交差点を安全にわたるために、歩車分離信号（交差点への車の進入を一旦全て止める方式の信号）にしろとか、歩道橋を作るべきではないかとか、道路の一方通行制限をしてはどうだろうかとか、子どもの通学路を変えるだけでいいじゃないかなどの意見がさまざま出ていました。

　さて、そのとき意見を聞くべき「住民」とは一体だれでしょうか？

　もちろん、行政が住民アンケートをとってもいいでしょう。しかしこれは手間がかかります。地域問題が起きるたびにやっていたら、行政も大変です。

　個人が行政や議会に請願をおこなうことで意見を伝えることもできます。請願は行政

に住民の要望を伝えることで、憲法でも保障され、「請願法」という法律もあります。いわゆる「署名おねがいしまーす」と街頭で叫んでいるアレ、「署名」です。しかし、その請願が地域全体の意見をどれくらい反映しているのかはすぐにはわかりません。

一番手っ取り早いのが、町内会に意見を聞くことなのです。良いか悪いかは別にして。建前ではそのエリアのすべての住民が加入しています。加入拒否者をのぞいても、統計上は9割近い住民が入っているとされています（本人たちの加入についての自覚は別にして）。ここの意見をきけば、住民の声の相当程度が（早く）わかるだろうと考えるのは自然なことです。

私の住んでいる地域の交差点の改良については、市議会議員が議会質問をしたとき、「地元の要望が決まればとりかかる」という答弁をしました。「地元」というのは校区、すなわち町内会などの決定です。校区では、直後に町内会の連合体が集まって決議をあげ、「歩車分離信号の設置」という要望を決めました。実はさっきも述べたように、歩道橋にするか、歩車分離信号にするか、交通規制にするか、意見が山のように出ていたのですが、話し合いで歩車分離信号となったのです。私も団地の自治会長として「提案書」を作り、歩車分離信号がこの交差点にいかに有効かをつづって提出しました。その結果、県警も自治体も動き出し、設置が実現したのです。

全員が入っている建前だから地域を代表できる、ということは、実は、それゆえに地域の公共的な仕事を担うことができる、という理由でもあります。自治体とその点では同じです。

だけど、大きな違いがあります。

そうです。「全員が入っている建前」だけども、加入は（本当は）任意であるということです。ここはなかなか難しいところですが、自治体みたいに条例で決めた、守らないやつは罰則、というふうにはいかないのです。

ここには矛盾があります。全員加入（の建前）と任意加入（という本音）との矛盾ですね。だから、町内会加入を強制にしたいという衝動と、いっそのこと町内会なんてなくしてしまえという衝動と、両極の衝動がたえず生まれてきます。

管理組合とは違うの？

町内会・自治会とは何かを知るうえで、他の組織との違いをもう少しみてみます。

マンションなどで「管理組合」というものがあります。あれとはどう違うのでしょうか？

この本のはじめにふれた、東京在住のアラフォー編集者のまわりでも、この管理組合の方は知っている、という人がけっこういたようです。

簡単にいえば、分譲マンションでは所有者が区分ごとに決まっていて、その区分を所有するときに必ず管理組合に入らないといけないことになっています。分譲マンションの部屋を借りて住んでいる人がいますが、このような借り手は管理組合のメンバーにはなれません。所有者（大家）だけが入ります。つまりマンションを買う契約とセットになっているもので、管理組合に入るのがイヤな人は、所有者になれない、すなわちマンションを買えないのです。

ただ、それ以外の点はよく似ています。マンションの維持管理全般を話し合うことができますから、管理組合をそのまま自治会（町内会）と同じように扱っているマンションもあります。もちろん、管理組合と自治会を分けているところも多く、そういうところでは、前者は共用部分の維持管理の費用や、建て替えのお金の積み立てをどうするのかという財産にかかわるシビアなことを扱い、夏祭りや地域とのつきあいを自治会に担わせるという役割分担をしています。

3 町内会ってどんなしくみ？
班・組からなる

平均250世帯くらいを束ねているのが町内会ですが、直接250世帯を掌握できるわけではありません。巨大な団地だと2000世帯をこえて、ちょっとした自治体ですから、なおさらそうです。

そこで、町内会は、さらに小さな単位に分かれます。「班」とか「組」とかに分かれています。団地では棟ごと、フロアごとで分かれて小グループをつくっています。そして小グループを束ねる人を選出します。これが班長とか組長とか言われます。私がいる団地自治会では「棟委員（とういいん）」という名称でした。

班や組は、一番自然なご近所づきあいの単位です。私も、日常のあいさつはもちろん、子どもを預けたり、お酒を飲みにいったりもします。同じフロアですから本当に自然に。自治体のゴミ収集の委託仕事をしているのが隣のおうちのかたで、「俺たちが収集する前に、他の業者が非合法に持ち去りをしてしまう。なんとかならないか」という相談を受けたこともあります。

団地ではなく、戸建て、特に古い集落などでは、いっそうこの関係は緊密です。私の実家でも、たとえば「あさりを買いすぎたから、隣のうちに持っていって」とか「花がいっぱい咲いたから裏の家にあげよう」ということがよくありました。葬式でもさっと集まって段取りをしてくれるのは、班の人たちです。田舎なので、単なる近隣というだけでなく、遠縁にあたる人たちが組の中には何世帯もふくまれています。地縁だけでなく血縁でもあるという、なんとも濃い場所でした。

数百世帯も集まる会合では、緊張してしまって、なかなか自由な意見は言いにくいかもしれません。しかし、10世帯ほどの集まりなら、気軽にいろいろ言いやすいという人もいます。これは裏返せば、こうした小グループにすることによって、住民の意見を吸い上げやすくなっているとも言えます（あまりに濃密すぎて、逆に意見が言いにくい…ということもあるかもしれませんが）。

このような小グループからまとめ役（ここでは「班長」で統一して呼びます）を選び、班長の中からさらに役員（町内会を代表する正副会長、財政など）が互選されます。

町内会の意思は総会で決まる

人はこのように選ばれるのですが、町内会としての意思はどうやって決めるかというと、総会です（写真67ページ）。住民（自治会員）の過半数の参加を要件とします。ただ、まあそれは建前の説明です。実際に出席している人だけで過半数となり成立している総会というのはお目にかかったことはありません。たいていは委任状が許されています。

ただ、委任状の山が築かれているとしても、それでも一人ひとりの意思をきちんと確認していくことは重い意味があります。「お任せしますよ」という意思を表示しているわけですから。

古くからある町内会の中ではこうした総会を開いていないところもあります。いや、総会がないというより、規約そのものがない町内会があります。京都市がつくった町内会向けパンフレットには「ルールを決めよう　～規約、会則について」という啓発があります。逆にいえば、規約を整備していない町内会があるわけで、京都市の調査では29％の町内会が規約をもっていません。

しかし、田舎の小さな町内会というのは、わざわざ「総会」だの「委任状」だのを仰々しくやるのではなく、寄り合いのようにしてパッと集まって話し合うので十分というところもあります。

私の田舎の町内会でも規約もなく総会規定もありませんでしたが、頻繁に「寄り合い」が開かれていて、委任状が山と積まれている風景よりははるかに活気があり、民主的な空気を感じました。

町内会が会員の意見を反映するための工夫

さて、かくいう私がいる団地自治会はどうだったのか。

実は、自治会の規約はありましたが、その中には総会の定めがありませんでした。昔を知る人に聞いてみたのですが、昔からなかったようです。

ではどのように意思決定しているかといえば、正副会長などの役員が班長会議を平均月1回、年13～15回開いてそこでいろんなことを決めていました。

「全国調査」では、役員会をどれくらいの頻度で開いているかという調査がありますが、年6回以下というのが半分で最多です。年13回以上という町内会は2割以下です。

総会で本当に活発な討論がされているならいいんですが、委任状の山、内実もシャンシャンというところが少なくありません。

それなら、班長を集めて細かく井戸端的な会議を開いたほうが実質的にはまだ民主的な意見が反映できるのではないかと私は思います。

さらに、団地のような住民は古くからの近所づきあいのある住民層と違って、なかなか本音を出し合えません。そこで、私はアンケートを会員から集めることでそれを補おうと思いました。紙をポストに入れる方式では面倒くさくて出さない人も多いだろうと思い、回覧板に記入用紙をつけて回しました。もちろんメールや投書も歓迎しました。

その結果、「団地の前のバスを増便してほしい」「来客用の駐車場がないのは困る」「ハトの糞で悩んでいる」などが共通する要求として出され、URやバス会社に自治会として申し入れることになったのです。

駐輪場で自転車がいたずらされてパンクさせられたり、部品を盗まれるトラブルが相次いでいたので、アンケートにもそれはたくさん出てきました。そこでURと交渉して防犯カメラをつけてもらうことになりました。

もう一つ心がけたのは、全世帯に月1回自治会広報紙をつくって配布することでした。

班長にお願いして担当の10世帯ほどに配ってもらったのです。

私は、別の団地自治会から聞いて、「やってみよう」と思いました。その団地では、回覧板だけではなかなか読まれないので、広報紙を印刷して全戸に配布していたのです。アンケートの結果やそれにもとづく自治会のとりくみなどを毎月こまめに返していきました。ちなみに、まわりの町内会に聞いてみると、実はアンケートをしたり、広報紙をつくって全戸に配布している町内会はあまり多くありませんでした。団地やマンションの自治会ではチラホラあるのですが、戸建て中心の町内会では皆無に近い状態でした。

あのう……こう書くと、よくある「私はいかにスゴい町内会活動をやったか」的な話に聞こえるでしょうが、これにはちょっとしたわけがあります。

さっきも申し上げましたが、私は大学時代から学生自治会にかかわってきたので、学校側などに要望を出したりする経験はたくさん積んでいました。普通の人にはかなりハードルの高い作業のように思われますが、紙にして提出する要領さえ心得ていれば、朝飯前なのです。出すだけなら、ね。

また、仕事に関連して、文章を作ったり、広報物をレイアウトして作成し印刷まででするのは普通の人よりかなり早いスピードでできます。10人いたら8人は「早っ」って驚いてくれると思います。これだけはもう自慢できます。これだけですが（笑）。

だから、こういう分野はたまたま得意だったのです。他方で、それ以外のことの段取りはたいへんお粗末なので、夏祭りの準備や売上予想などはずさんきわまることが多く、大赤字を出したりして、周囲をあきれさせています。

まあ、ともかくも、自分の得意分野を生かして広報紙を配ったり、アンケートをとったりしていたのです。ただ、総会を開けないというのは、私のちょっとしたコンプレックスでもありました。やはり年1回必ず全員の意思を確認しているという正規の手続きにはかなわないからです。いまの役員に対して厳しい反対者がいる場合は、アンケートや広報紙では「ちゃんと住民の意思を確認している保証」にはならないからです。

一人で声をあげるのとは違うインパクト

いずれにせよ、町内会はこのようにして住民の声を反映し、その地域の代表としてふるまいます。

これはやはり、個人が一人きりで声をあげることとは、違うインパクトがあります。歩車分離信号の例は典型的ですが、町内会が束になって声をあげることで行政を動かして信号の変更を実現させることができました。

団地でいえば、ＵＲは自治会を窓口にして、とりくみを進めます。

私のいる団地で、地元の外国語学校が、中国人の留学生の寮としてＵＲ団地の空き部屋を借り上げるという計画がもちこまれました。そのとき、外国語学校と自治会の話し合いの橋渡しをＵＲ側が行いました。留学生側が自転車で通学するために、大量の自転車がやってきて駐輪場がパンクするのではないかなどの心配が出ました。

そこで、学校側はシールを渡して自転車の整理をするとともに、私たちも放置自転車を撤去して駐輪スペースをつくり、ＵＲ側には「それでも対処できない場合は駐輪場を増設してほしい」と求めました。その結果、日本人もびっくりするくらいマナーのよい駐輪が実現しました。さらに、今後のことを考えて、学校側と自治会との間で簡単な協定を結ぶこともおこなわれました。

こうした調整は、「個人が中国人留学生の駐輪マナーに文句を言う」というレベルでは解決しない問題です。町内会・自治会という調整役があって、はじめてスムーズに解決したといえるかもしれません。

4　他の町内会や行政とのつながり

町内会同士のつきあい

地域の問題は一つの町内会ではおさまらないことが少なくありません。先ほどあげた歩車分離信号の設置の問題はその典型です。その交差点のある地域の町内会だけの問題ではなく、小学校区全体、少なくともその交差点を通って通学する子どもがいる町内会はみんな関わってきます。

そこで町内会は手をつなぎあいます。

たいがいは、まず校区を単位にしてまとまっています。地域を単位として町内会のネットワークができています。連合町内会とか自治会連合会などといった名前になっています。ただし、あまり大きくない自治体ではこうした校区でのまとまりをつくらずに、自治体全体で連合会をつくっているところもあります。

私が住んでいる校区の中では30ほどの町内会があって、総人口は2万人にもなってしまうので、これを一くくりにした単位ではあまり顔と顔の見えるつきあいはできません。実際には、これを5つぐらいのブロックに分けて数町内会ごとにつきあいをしていました。私たちのいたブロックは「第一ブロック」と呼ばれていました。

会長に就任してすぐ、地元の小さなレストランで会食しました。30代だった私以外多くは初老以上の会長でした。女性は1人。あとはすべて男性です。「全国調査」では、会長になる人は、50代未満が2割、60代が48・6％ともっとも多くなっています。男女比は、男性97％、女性は3％です。

夏祭りにはお酒や金一封を渡したりします。また、ブロック会議を開き、校区の防災訓練や運動会などの仕事分担をしたあとは、飲み会をやっていました。

人間的にはここで親しくなるという人が多く、夏祭りで舞台にするビールケースが足りないというときは、隣の町内会長の店に借りに行きましたし、餅つきはいつも別の町内会が所有していたキネやウスを借りていました。

「防犯委員会」「男女共同参画委員会」ってなに？

さて町内会の連合体、ということなら話は簡単なのですが、なかなかそう単純な組織スタイルになっていない地方も多くあります。地域の連合体組織のありようは、地域ごとに実に多様です。だから、今から紹介するのは、私が経験してきた、私の住んでいる地域の姿だとはじめからお断りしておきます。ただ、その中には、多くの地域に共通する問題もひそんでいるはずです。

私は自治会長になって、はじめて校区の町内会長の集まりに参加しました。夜7時半から地域の集会施設（行政の施設）へ行きました。町内会長や他の団体の責任者があわせて50人くらい座っています。

そこでまず報告があるのですが、ちんぷんかんぷんなのです。

いや、別に難しい哲学講義をしているわけではありません。一つひとつは「花壇に花を植えました」とか「交通安全週間なのでスーパーで啓発のチラシを配りました」とかいうことの報告で、難しいことはありません。

しかし、そこにたくさん出てきている防犯やら環境やら交通安全やらの団体は、いったい町内会とどういう関係にあるのか、まったくわからなかったのです。

まず、町内会長がたくさん来ていました。これはわかります。

問題は、「防犯委員会」「防災委員会」「交通安全委員会」「衛生委員会」「環境委員会」「男女共同参画委員会」「青少年健全育成委員会」「体育協会」「社会福祉協議会」「老人クラブ」などの団体の代表者が出席しているのです。

これは一体なんなのか。誰がやっているのか。

全部説明すると大変なので、いくつかだけ紹介しましょう（図1―2）。

たとえば「防犯委員会」というのは校区のパトロールを自主的にやっています。「自警団」という古めかしい言い方もあります。「青パト」とよばれる青色の警告灯をつけたパトカーに似せた車で校区をまわり、声かけなどをしています。

「防災委員会」は、防災訓練をやったり、みんなで水害のハザードマップ（どこが危険になるかを地図に落とし、安全な経路や集合場所を示す）をつくったりしていました。

「男女共同参画委員会」というのは、昔の「婦人会」です。地域の女性たち、まあ主婦層をイメージしてもらうといいでしょう。その人たちの集まりだったのですが、女性だけ集めるという枠組みではなく、男女共同参画にしようじゃないかという現代的な装いのもとに新しくスタートしたものです。ただ、年間でやっていることをみると、「婦人会」が看板を変えただけだったので、「地域の花壇の花植え」で埋め尽くされていて「これが男女共同参画…?」と首をかしげたものでした。

「青少年健全育成委員会」というのは、まあ子ども会をやっている親たちの集まりです。年に数回子どものためのイベントをやっていて、竹とんぼづくりやドッジボール大会などをしていました。

「環境委員会」というのは、地域清掃や地域美化、リサイクル運動の音頭をとっていて、地域にある川べりの掃除や、古新聞・古雑誌集めなどをしています。

もともとこれらは、ほとんどが町内会とは別に、住民の中につくられた団体でした。

その中にはいくつかタイプがあって、婦人会、子ども会、老人クラブなどにみられるように、その地域の、特定の階層をすべて対象にした団体もあります。

「防犯委員会」や「防災委員会」などは、町内会の仕事の一つに近く、町内会の役員などが担ってきました。いわば町内会の内部組織に近いものです。

「社会福祉協議会」は「民間の社会福祉活動を推進することを目的とした営利を目的としない民間組織」ですが、福祉のためのボランティアを中心としつつ、高齢者の見守りや配食サービスなどを担っていて、半官半民の色彩の強い福祉団体です。

また、地域のママさんバレーなど、町別（町内会ごと）のスポーツサークルを束ねて大会を開いたり、校区の運動会を開いているのが「体育協会」です。

つまり、これらの団体の多くが、町内会地域ごとに存在し、校区ではそれらの人々を束ねて、「防犯委員会」なら校区防犯委員会といった具合の組織をつくっているのです。

私が初めて参加した校区の会合は、単に町内会長の集まりではなく、こうした団体が一堂に会する「校区自治団体協議会」という名前の連合体をつくっていたのです。私が住んでいる自治体では、ほとんどどこの校区でも、町内会にプラスしてこうして団体を集めた「校区自治団体協議会（自治協）」をつくっていました。

私がちんぷんかんぷんになったのは、私のいる団地では、こうした組織（の末端）がほとんど崩壊していたからです。

子ども会は私が会長になる数年前になくなりました。子どもが加入しなくなったのと、

図1-2　校区自治団体協議会の組織図

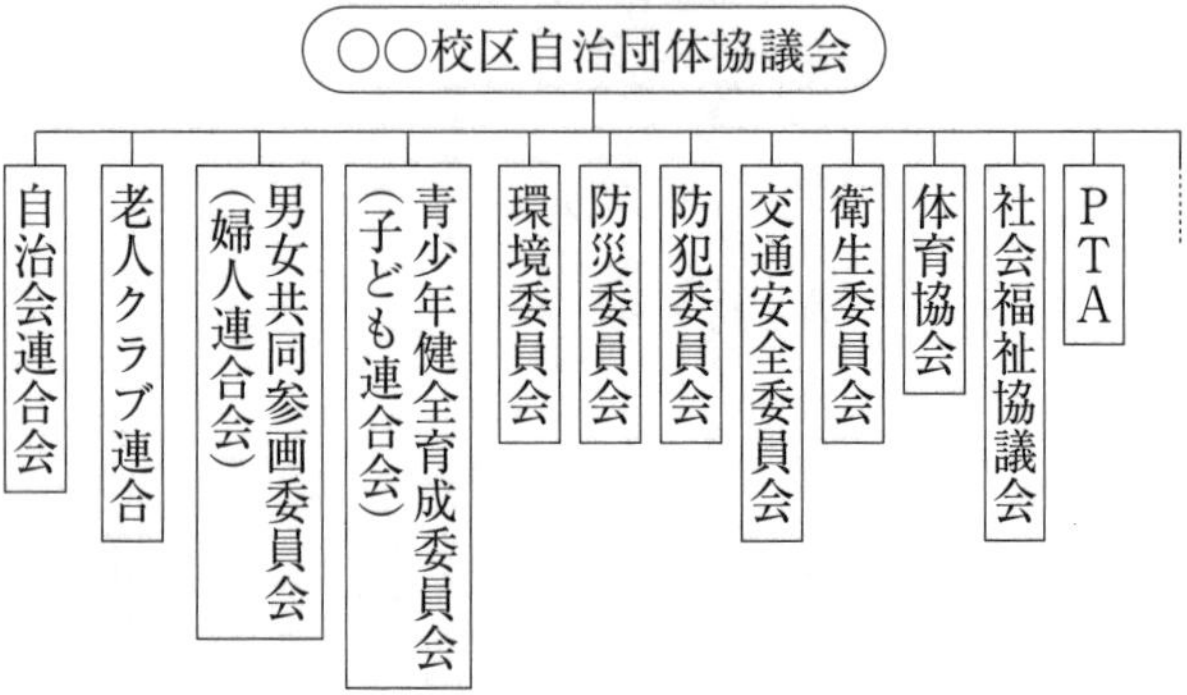

H市の、ある校区のケース。組織の形は自治体や地域ごとにかなり違いがある。

校区の「青少年健全育成委員会」の役になれという要請がうるさく、誰もなり手がいなくなってしまったのです。

私の前の会長・黒木さんと副会長であった大岡さんのころには、校区の仕事にはほとんど人を出せなくなっていました。結果として、黒木さんに定年後の時間の余裕があったこともあり、校区レベルで開かれるすべての団体や委員会の会合に顔を出していたようでした。

このような傾向は、実は校区の多くの町内会で進行していました。

行政はどう関わってくるか

さて、先ほどの自治協の中にある団体名をもう一度見てもらいましょう。

「防犯」「交通安全」「衛生」「環境」「男女共同参画」「青少年健全育成」「社会福祉」……

これらは行政、お役所がかかげている課題にものすごくよく似ていると思いませんか。

そのとおりです。

私が住むH市では、行政の仕事を補う役目を自治協に担わせてきました。

たとえば、リサイクルです。

古新聞・古雑誌やダンボールなどは、各町の環境委員会（事実上町内会がやっている）がステーションをもうけてリサイクルをやっています。そこに行政は補助金を出しているのです。

「全国調査」でも、行政が「リサイクル」を町内会へ委託しているところは3割をこえています。

H市では、自治協に「防災」「男女共同参画」「環境」など8つの項目をあげて、これらの団体をそろえた校区には補助金を渡すという形になっていました。

「全国調査」では、市町村から町内会へ委託している業務をみると、「お知らせの回覧」が81・3%でトップ、ついで「広報紙の配布」が79・9%、「清掃・美化」が59・9%となっています。

H市では、かつては「町役」という役職で、町ごとに公務員扱いにして、広報紙の配布などを依頼し、報酬を払っていました。町役と自治会は、建前はまったく別のものだったのですが、町役には、たいてい自治会長が就任しており、実際には自治会の組織網を使って配布をおこなっていました。良心的な町役（自治会長）は自分の報酬の一部（あるいは全部）を自治会に出していましたが、ひどい町役は仕事だけ自治会にやらせて報酬を全部せしめたりしていました。

こうした町役制度は私が会長になる数年前に廃止され、広報紙の配布は業者にまかせるようになりました。かわりに、「自治会と行政の新しいパートナーシップをつくる」というたい文句で、自治協がつくられ、そこに補助金をおろすようにまとめられたのです。

【コラム】イノシシの駆除

イノシシの被害に悩まされている自治体は少なくありません。

私は、九州のいくつかの島にわたって、イノシシの被害と住民の対策を見せてもらったことがあります。

九州のある島では、年間５０００頭ものイノシシを駆除しています。1日あたり13頭も島のどこかで仕留められているというわけですから、駆除の効率もすごいと思いますが、何よりイノシシの繁殖ぶりにびっくりします。

「それだけ駆除していたら、肉とかにして売れないんですか」と行政の担当者に聞いたところ、肉の処理はそんなに簡単でもないし、食べておいしい時期や部位、年齢というのがあり、イノシシならなんでも食肉になるというわけでもないようです。

イノシシを箱ワナ（エサでおびきよせ、イノシシが入ると入口を自動的に遮断してしまう箱型の柵です）というワナにおびき寄せ、イノシシがかかると連絡をうけた猟師がやってきて、イノシシを射殺します。聞き取りに行ったとき、その射殺するところも目にすることができました。

箱ワナは誰でも勝手にしかけられるものではなく、免許が必要です。

その島で豊川さん（仮名）という農家の方に話を聞いたとき、行政から町内会に連絡があって「誰かこの集落の中で、箱ワナの免許をとるやつはいないか」と呼びかけられたことを話してくれました。

その集落では豊川さんだけが手をあげました。

そして、町内会を起点にして、箱ワナを必要な場所に機動的に動かす部隊を組織しました。箱ワナの移動も本当は一般人がやってはいけないのですが、規制緩和で、県が「うちの県ではいいってことにするぞ」と決めればできるようになりました。

このように行政と一体となって、イノシシ駆除にとりくんでいる町内会もあります。これも町内会の姿の一つです。

第2章

町内会は要らない？

図2-1

なかむらみつのり『びんぼうまんが家！　都内で月３万円の３ＤＫに住んでます』芳文社、2013年、125ページ

1　加入のお願いはつらいよ

冒頭に町内会の加入の苦労を紹介しました。

このような加入の苦労が、まったくと言っていいほどない町内会もあります。図２―１を見てください。これはなかむらみつのりさんのマンガ『びんぼうまんが家！　都内で月３万円の３ＤＫに住んでます』（芳文社）です。作者が高倍率の都営団地に当選するまでの苦労を書いたエッセイコミックです。後半は都営団地の自治会がどんなふうに運営されているかを描いていて興味深いものがあります。

このマンガでは、都営団地に引っ越しをしてきたら、説明どころかいきなりドアに次の自治会の当番の札がはられていたとあります。ここでは入るのが「当たり前」であって、もはや加入の意思の有無すら確認されない様子がよくわかります（どこの団地もすべてこんなふうに乱暴なわけではないでしょうが）。

私が田舎に帰省するとかつての小学校の同級生が町内会をやる年齢になっていました。彼らに「加入率はどれくらいなの？」と聞いたことがあります。そのとき、同級生の一人は「か、かにゅうりつ…？」と異国の言葉を聞くようなけげんな顔をしました。

私の田舎の集落にはアパートは一つもありません。すべて戸建て。そして田畑をうめた造成地がほんの少しずつ生まれて新しい家が数年に1つくらいできる程度です。ここでは公営団地とは違った意味で有無を言わせずに加入がおこなわれています。

私のように加入の意思を聞いて回るのは町内会役員にとって大いに苦痛なのですが、このように半ば強制的に加入をさせられるのは、加入をさせられる側にとって苦痛が生じます。

ホントの加入率はどのくらい？

いったい町内会への加入率はどれくらいなのでしょうか。

たとえば東京都の市部では54・2％。つまりその地域の全世帯の半分ほどしか町内会に加入していないことになります。横浜市では76・6％、沖縄県の那覇市では20・9％です。

しかし、全国では加入率は89・2％になっており、「全国調査」では「100％加入」の町内会が全国でなんと46・9％、半数を占めています。

ここに興味深いデータが2つあります。

一つは、「全国調査」についてですが、いまあげた「100％加入町内会が半分ある」というのは町内会にアンケートした結果です。これを市町村、つまり役場の担当者にアンケートをしてみた結果では21・6％と大幅にさがってしまうのです。

もう一つは、明るい選挙推進協会の「選挙の意識調査」のなかで「自治会・町内会等」への加入率を町内会にではなく住民に調査しているのですが、ここでは2012年の段階で24・7％しかありません（図2―2）。

図2-2　自治会加入率の推移（一般市民の回答）

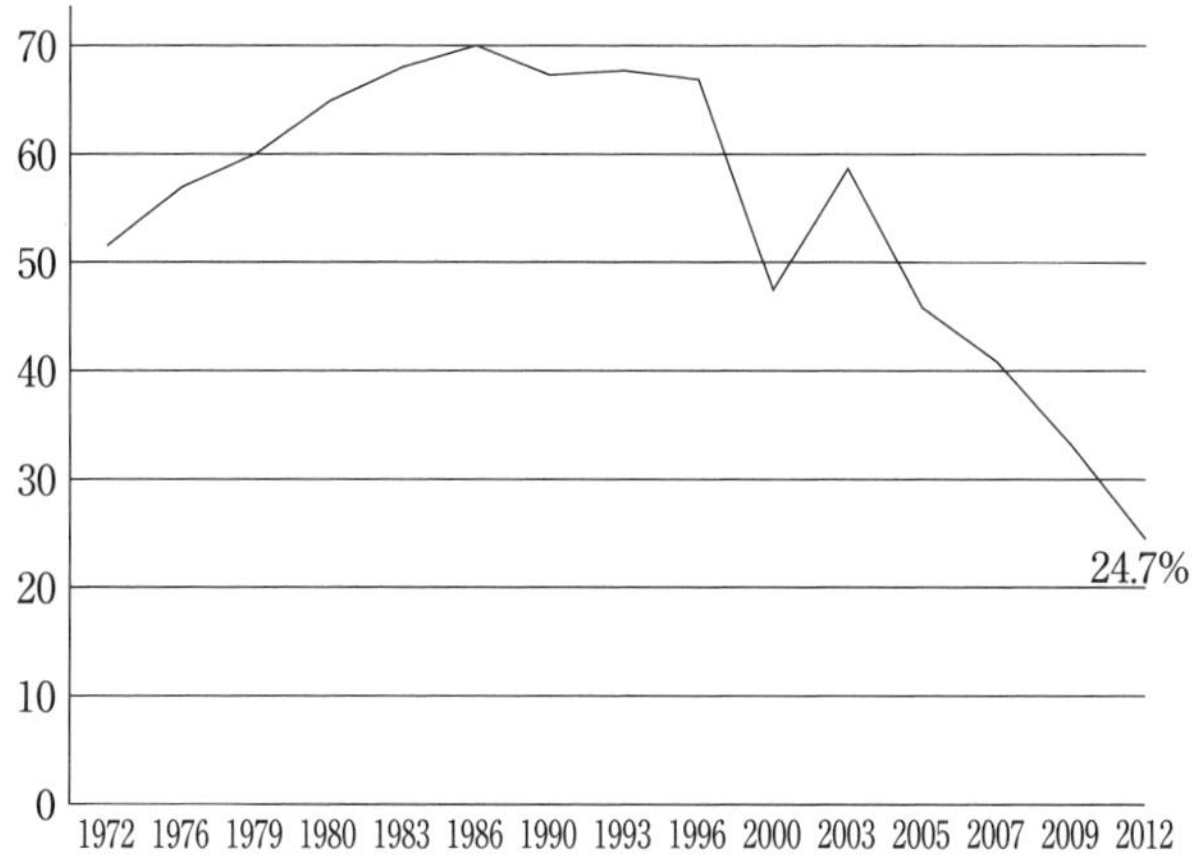

財団法人明るい選挙推進協会「選挙の意識調査」より

なぜこんなことがおきるのでしょうか。

『現代日本の自治会・町内会』という本のなかでは、「全国調査」を分析した『現代日本の自治会・町内会』という本のなかでは、そのズレの原因について、そもそも調査に答えた町内会自身が「うまくいってる」町内会だから調査そのものにゆがみがあるよ、という旨のことを言っています。そして、

「一般の有権者の中には、自治会組織に加入していてもほとんど活動していないために、加入しているという認識をもっていない人々が一定程度みられるからだと考えられる」

とも付け加えています。

本書の「はじめに」で述べたように、この本をつくるさいに東京にいる編集担当者のまわりの現役世代に聞きましたが、「そもそも町内会ってなに?」というレベルの人がけっこう多かったのです。まったくイメージできないそうです。

また、私の兄も東京でサラリーマンをしていますが、社会人になってから一度も町内会に入ったことがありません。

保育園のパパ友・ママ友に聞いてみましたが、半分近くは「入っているかどうかよくわからない」と答えました。

こういうふうに聞いてみると「加入率2割」というのは、あながち大げさな話ではなさそうです。

図2―3は、ある独居女性が住んでいるアパートの賃貸契約書の一部です。

「第7条　乙は入居後、次の各号の諸費用を負担する　①電気料金、ガス料金、水

図2-3　あるアパートの賃貸契約書

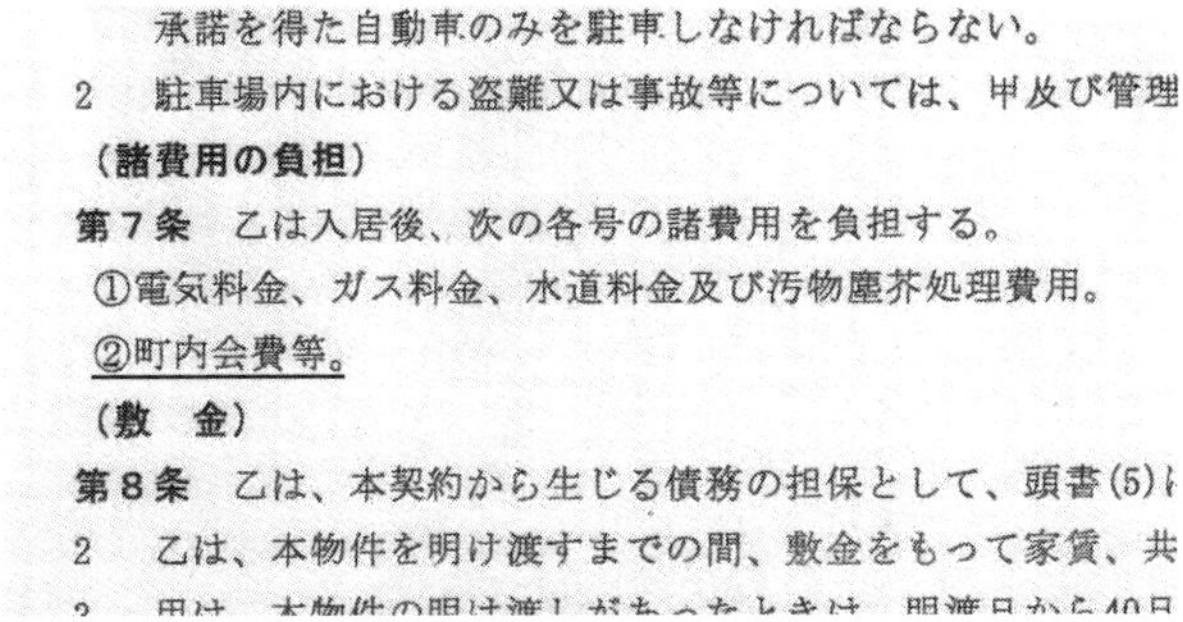
承諾を得た自動車のみを駐車しなければならない。
2　駐車場内における盗難又は事故等については、甲及び管理
（諸費用の負担）
第7条　乙は入居後、次の各号の諸費用を負担する。
①電気料金、ガス料金、水道料金及び汚物塵芥処理費用。
②町内会費等。
（敷　金）
第8条　乙は、本契約から生じる債務の担保として、頭書(5)に
2　乙は、本物件を明け渡すまでの間、敷金をもって家賃、共

道料金及び汚物塵芥処理費用。②町内会費等」

この「②町内会費等」というのが町内会費のことです。そして、図2—4では「重要事項説明書」のなかにある「町費　250円」という項目が見えるでしょう。これが町内会費の額です。

また、契約書の中にある「賃借人が守るべきルール」として定めた規約では

「第5条（コミュニティ）①回覧板は目を通したら、すみやかに次順の者に回すこと　②町内会へは入会し、町内会費は必ず払うこと　③町内会の行うコミュニティ活動等には積極的に参加すること」

図2-4　あるアパートの重要事項説明書

6 借賃・借賃以外に授受される金額

家賃	月額　32,000 円	敷金（家賃の　2 ヶ月）	64,000
共益費（管理費）	月額　3,000 円	保険料又は共済掛金等	15,000
駐車料（税込）	月額　円	保証料（ 全保連(株) ）	14,100
町費	月額　250 円	更新料（家賃の　ヶ月）	
水道・町費	月額	礼金（家賃の　ヶ月）	
		鍵交換	15,000
合計月額	35,250 円	媒介報酬額（税込）	

敷金等の精算方法

□ 実費精算方法（敷金は、借家契約終了時に家賃滞納や故意・過失による損害等がある時は精

☑ 敷引方法（敷金は、借家契約終了時に［　☑ 退去時家賃の　2 ヶ月分又は　□

その残金を返却する。ただし、家賃滞納や故意・重過失による損害等がある時は同敷引額とは

☑ その他（ 当家賃には内装補修費及び自然損耗費用は含まれておりません。従って本物件を

かかわらず敷引割合の額を差し引かせて頂く事を確認します。　）

以上、敷金等の精算に関する事項について説明を受け理解しました。

氏名

7 契約解除に関する事項

とあるのです。

このような一文が、単身者むけアパートの契約にもぐりこんでいることが非常によくあります。この女性に聞くと、町内会についての案内も、回覧板のたぐいも、一切ないそうです。アパートをつくるさいの近隣との合意の一つとして契約の条項にこのようなものが盛り込まれているのです。

「加入しているという認識をもっていない」人々が、こんなふうに生み出されています。

民間アパートの町内会加入問題

話題が出たついでに、このような民間アパートで町内会への加入は義務づけられるかどうかを少し述べておきます。

住民にとって町内会への加入が任意であることは、ゆるぎません。戸建て住宅に住もうが、民間アパートに住もうが、町内会加入および町内会費の支払いそのものが義務になることはないといっていいでしょう。

問題は、賃貸の契約とセットになっているために、「町内会に入ることを約束してくれない人には貸したくない」と大家さんが思えば、契約をしない自由を行使される可能性もあるということです。そうなると、町内会加入自体は自由でも、実際には難しくなってきます。

また、いったん契約した後に、町内会からの退会を申し出る場合や、更新時に告げる場合になると、さらに複雑になってきます。

いずれにせよ賃貸住宅の場合は、契約の問題がからんでくるために、一筋縄ではいきません。弁護士など専門家に相談して対応する他ないと思われます。

【ちょっとした改革のポイント】

加入のための工夫として、「加入促進ビラ」をつくるのは、けっこうどこでも始まっている方法です。八尾市（大阪府）の調査では「町会未加入の理由」のトップは「町会があることを知らなかった」（38・1％）、次いで「加入するきっかけがなかった」（27・8％）、「町会加入の必要性を感じていない」（21・6％）となっており、ビラ・チラシは一定の効果がありそうです。

図2―5は、埼玉県川口市での加入チラシなのですが、一般むけにはこれでもいいと思います。

しかし、「全国調査」の、「最近、区域内にアパート・マンションが乱立しており、居住者も若い世代の方々が多い。自治会加入を呼びかけても不参加が多い。自治会未加入の80％はこれらの人々だ」（宮崎県・宮崎市）という声にみられるように、若い・アパート暮らしの人（おそらく単身者）を想定した場合、加入チラシはそこにもっと焦点をあてるべきではないかと思います。若い・アパート暮らしの単身者を想定した場合を考えたとき、川口市のチラシのような訴えは妥当でしょうか。

たとえば高齢者や子どもの安全の見守りなんですが、単身の人間には「関係ない」と受け取られかねませんよね。「子どもや家族のいる世帯の負担をなんで私たちが負わな

図2-5　埼玉県川口市コミュニティ協議会の町内会加入促進チラシ

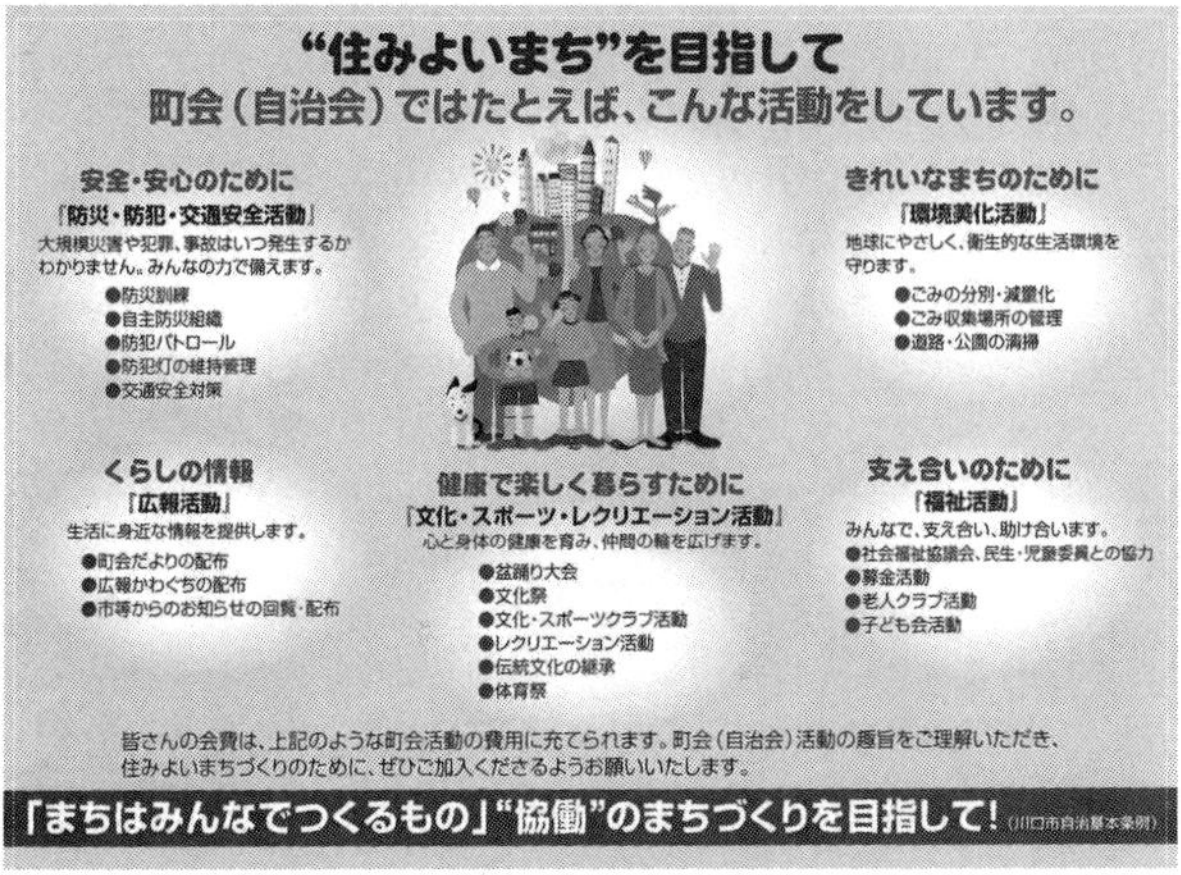
“住みよいまち”を目指して
町会（自治会）ではたとえば、こんな活動をしています。
安全・安心のために
『防災・防犯・交通安全活動』
大規模災害や犯罪、事故はいつ発生するかわかりません。みんなの力で備えます。
●防災訓練
●自主防災組織
●防犯パトロール
●防犯灯の維持管理
●交通安全対策
きれいなまちのために
『環境美化活動』
地球にやさしく、衛生的な生活環境を守ります。
●ごみの分別・減量化
●ごみ収集場所の管理
●道路・公園の清掃
くらしの情報
『広報活動』
生活に身近な情報を提供します。
●町会だよりの配布
●広報かわぐちの配布
●市等からのお知らせの回覧・配布
健康で楽しく暮らすために
『文化・スポーツ・レクリエーション活動』
心と身体の健康を育み、仲間の輪を広げます。
●盆踊り大会
●文化祭
●文化・スポーツクラブ活動
●レクリエーション活動
●伝統文化の継承
●体育祭
支え合いのために
『福祉活動』
みんなで、支え合い、助け合います。
●社会福祉協議会、民生・児童委員との協力
●募金活動
●老人クラブ活動
●子ども会活動
皆さんの会費は、上記のような町会活動の費用に充てられます。町会（自治会）活動の趣旨をご理解いただき、住みよいまちづくりのために、ぜひご加入くださるようお願いいたします。
「まちはみんなでつくるもの」“協働”のまちづくりを目指して！（川口市自治基本条例）

川口市のホームページより http://www.city.kawaguchi.lg.jp/kdn/16010013/16010013.html

いといけないのか」という気持ちさえ生みかねません。

　災害のときに手をとりあえるという「メリット」はどうでしょうか。高齢者や子どもの場合は災害で手助けが必要だとすぐわかるんですが、若い人は自分の力でなんとかできると思ってしまうかもしれません。

　いや、私が本気でそう思っているわけじゃないですよ。「自分には関係ない」「メリットがあるのか」じゃなくて「おたがいさま」、難しくいえば互酬性っていうのが町内会の精神なんですから、あんまりメリットメリットと言うべきじゃないというのはそのとおりです。

でもチラシというのはまず感覚に訴えるメディアですから、まずは自分にメリットがあることを訴えて入ってもらい、そのうえで自分に他人に何ができるかを考えてもらえばいいのではないでしょうか。

だとすれば、単身者にどういうメリットがあるのか、そこにもっとしぼってチラシをつくるべきでしょう。

たとえば、若い独身女性にむけては「防犯灯」の役割（川口市のチラシには小さくこれがあります）、非正規の若い男性には「失業や貧困に陥った際に行政窓口につなげる相談」とか。まあ、そうは言っても実際にそういう事業やってなきゃ、しょうがないですけどね…。

2　町内会費はこんなに払う必要があるのかよ

町内会の運営にはそれなりにお金がかかります。そのお金の大半は、会員から集められる毎月の町内会費でまかなわれています。

私のいた団地自治会では、3カ月ごとに1000円集められて、年間で4000円になっていました。毎月333円という計算になります。

たとえば廿日市市（広島県）の調査では年間4958円（月413円）が平均だとされています。

「全国調査」では、月500円未満という町内会が全体の44・5％にのぼります。傾向としては田舎の小さな規模の町内会ほど町内会費が高く、都会の大団地のような町内会ほど町内会費が低いことがうかがえます。

自治会をやめる、と私に告げていく家があります。

そのときに理由としてあげられるのは「何をしているのかよくわからないのに、自治会費だけとられていくのは嫌だ」というのがあります。

「何をしているのかわからない」と言われると私も少々腹が立ちます。まがりなりにも自分の時間を割いて会計の中身を広報したり行事参加の呼びかけにつとめてきたつもりです。自分は参加もしないで「何をしているかわからない」とはなんだ、と思うわけです。

しかし、それは私からみた言い分です。

もう町内会をやめたいという側からすれば、事態はまったく逆に見えるはずです。ときどきチラシのようなものがドアポストに入っているけど、広告のようなもんだろうと思って捨ててしまう。夏祭りみたいなのをやっているようだけど、自分は子どもも独立したし、関わったこともない。それ以外は何をしているのかよくわからない。なのに、集金の係だけはやってきて金だけ集めていく……こういうふうにとらえられていれば、やめたくなるのは当然です。

地方都市B市にあるA公営団地でおこなわれた大規模な調査（長谷川裕琉球大学教授らによる共同研究。以後「A団地調査」と言います）がありますが、団地の自治会の活動について4人の人がこう語っています。

「（自治会のお祭りには）あー、そういうのは行ったことないですね」（38歳母親）

「棟でのつきあいは、ごみ拾い・草刈りぐらい。深い交流はない」（42歳母親）

「（自治会の集まりとかは）2カ月か3カ月に一回ぐらいやってるけど、おれ出たことないわ。出ろ出ろって言われてるけど」（45歳父親）

「（自治会は活発ではないか）そうですね。まあ、回覧板まわすか、あと自治会費集めるぐらいしか活動してないんで」（36歳父親）

人によっては、役員の飲み食いに大半は使われている、と思っている人もいます。いよいよ払いたくなくなるわけです。いま述べたA団地の調査でもすでに20年前のインタビューで、自治会費の収支報告が行われなくなり、ある住民は、「〔お金を〕集めて何になってるか、みーんな噂してます」と攻撃的に答えています。

年4000円は高いか安いか

年4000円が高いか安いかは、まさに「その町内会が何をしているのか」「その仕事にどれくらいの意義を感じるのか」によるでしょう。

図2―6は、私がいる団地の自治会の、自治会費を集めていたころの会計報告です。「うちはちゃんと知らせているぜ」とさっき胸を張ったわりには、あらためて会計報告をみると、「これだけじゃあ、よくわかんないな」といったところではないでしょうか。

図2-6　私がいた団地自治会のある年度の決算報告

収入項目	決算額	備考
繰越金	158,468	前年度繰越金
自治会費	492,000	4000円×123世帯
収益金	100,000	夏祭り・餅つき収益
寄附・助成等	10,000	日赤、赤い羽根募金、歳末
利息	32	預金利息
収入合計	760,500	

支出項目	決算額	備考
校区自治協納付金	162,360	@1320円×123世帯
体育協会諸行事参加費	0	ソフト・バレー・卓球大会だが、参加できない
体育協会用具費	0	ソフト・バレー・卓球大会だが、参加できない
行事開催費	324,000	校区運動会、夏祭り、餅つき大会
助成金	20,000	団地子育てサークルへの助成
備品購入費	15,000	夏祭り等の備品
事務局経費	80,000	班長会議、集会所利用料、事務用品、手当（会長年1万円、副会長5000円、班長等2000円）
募金・寄付金	10,000	日赤、赤い羽根募金
校区行事参加費	20,000	入学式、卒業など校区行事参加への費用
協議会費	15,000	小中学生支援、保護司等
次年度繰越金	114,140	
支出合計	760,500	

事業としてお金が出ているのは、夏祭りです。かき氷や綿菓子のチケットを売って儲けをあげるんですけど、抽選くじをやって景品を渡すので、足が出ます。1等は自転車で昔はこれが大盛り上がりだったそうです。今どき「自転車もらってもね…」という声もあって、ゲーム機の「Wii」でも渡そうかと改革してみたことがあります。多少は盛り上がりましたが、まあ「自治会費を使ってやる事業の柱がそれかよ」という思いをする人もいるでしょう。私が会長になる数年前までは地域の商店や企業からプログラムに載せる広告をとっていたそうですが、広告を集めてまわる人手がなくなってやめてしまいました。

校区への上納金がたくさんありますね。実支出の4分の1も占めてるのに、「校区自治協納付金」としか書いてなかったら、納める気にはなかなかなりません。

前章で述べたように、校区でやっている防犯パトロールの宣伝、交通安全指導のユニフォーム、花壇の花植え、人権啓発の講演会などのお金になっていきます。途中から具体的に書くようにしましたが…。

そして、結構太い柱が、役員の手当。「事務局経費」です。会長が年1万円、副会長・会計が5000円、班長（棟委員）が2000円です。「月」じゃありませんよ、「年」です。年1万円の会長手当、そして班長の手当にいたっては年2000円というのは、私の実感ではささやかなものだと思います。ちなみに福岡市の調査では、会長手当で年10万円以上を払う町内会が3分の1以上にのぼります（図2—7）。

しかし、これが一番大きな柱になっていたら、「一体なんのための町内会費なのか」と思う人がいても私は不思議ではないと思います。校区の会議に出て交差点改良について意見を述べる、URに防犯カメラ設置の申し入れに行く、バス会社に「これ以上減便しないように」とお願いに行く、中国人留学生が来て駐輪場が満杯にならないよう放置

図2-7　会長手当の年額

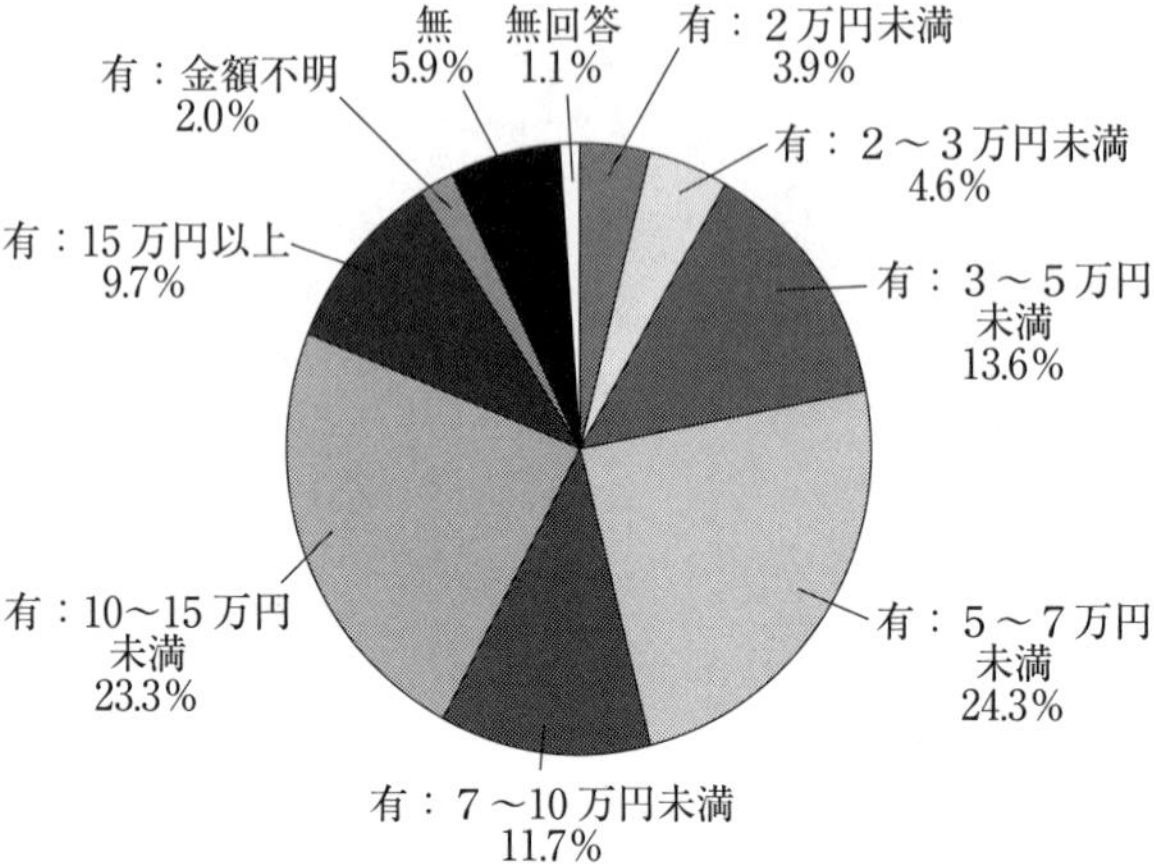

福岡市「平成22年度自治協議会・自治会等アンケート報告書」(2011年3月)

自転車を撤去する……こういう仕事には予算はほとんどかかりません。せいぜい申し入れに行くための交通費くらいでしょうか。しかし大事な仕事です。

こうした仕事をしてくれる役員や係の人に、「ちょっとしたお手当」を払ってもいいのではないか、と私は思いますが、どうでしょうか。必要ならば、時給換算してもいい。

ただ、これは考え方次第です。役員報酬を一切カットして町内会費を値下げするということもありえるでしょう。

【ちょっとした改革のポイント】

すぐできる改革は、町内会会計の報告を、できるだけ具体的に書いて、目立つところに貼ったり、全戸に配ったりすることです。しかも、できれば年1回だけじゃなくて、しつこく。購入した備品の写真なんかを載せると、なおいいでしょう。

思い切って会費を下げるのも大事です。収支がきわどいのに、加入促進のためだけに無理に見直す必要はないと思いますが、本当に無駄なものはリストラすべきです。

私自身は自分の団地自治会の自治会費（年４０００円）は活動に比べて「高い」と思っていました。

本当にこの事業はいるのか、長年続いてきたからやっているだけ、という理由だけで続けるのは意味がありません。

私の団地の場合、「夏祭りの抽選の景品」に一定の費用がかかっていて、たしかに楽しみにしている住民もいたのですが、けっきょくやめたわけです。

3　忙しいのに町内会の係なんかやれないよ！

先ほど、多くの町内会で班の中から班長が選ばれ、班長の中から役員が互選されるという話をしました。「班の中から班長が選ばれ」と軽く書いたのですが、班長の選ばれ方は多くの町内会で輪番制になっています。順番に回ってくるわけですね。選挙というのは、なかなかありません。

私が住んでいた団地の隣に、別のURの団地自治会があり、ここでは輪番制をとらないことにこだわりをもってやっていました。あくまで自治会というのは自主的なものだし、民主主義の原理がつらぬかれないといけない、という信念でやっていたからです。大したものだと思います。

輪番制が崩れるときが一番苦しい

「町内会の係は断れないものだ」という雰囲気があるときは、良い悪いは別として、このしくみはきちんと動き続けます。さっき紹介したなかむらさんのマンガは、まさに有無を言わせず当番が回ってくる様が描かれています。

私がいる校区のあるマンション自治会では、強面《こわもて》の会長が「係はできません」と言う人に対して「ほう。義務を果たせんならマンションを出てってもらわんといけませんなあ」と「脅す」そうです。

これは、マンションを買った人の義務である管理組合の役員の輪番とセットになっているので、こういう「脅し」が効くわけですね。

いずれにせよ、何らかのきっかけでこうした「強制」の雰囲気が弱まりだすと、輪番制は崩れ始めていきます。

「仕事が忙しいから、係は引き受けられない」というふうに言われます。「そこをなんとか」とお願いし続けると「それならもう町内会をやめます」と言い出す世帯もあります。そう言われたら、私としては引き下がるしかありません。

しかし、こういう世帯が増え始めると、10世帯のうち、係をやるのは8世帯、6世帯、4世帯……と減っていきます。そうなると10年に1回の当番だったのが、4年に1回とか、3年に1回という状態になっていきます。すると、これまで引き受けてくれていた世帯まで「町内会の係がひんぱんに回ってくる。もうやめさせてほしい」と言い出します。まさに悪循環です。

輪番制が崩れていくときというのが、町内会にとって一番苦しいときだと思います。

人手がなかなか集まらないし、退会者が多くなっていくので、それに手をとられるからです。しかも選出されない当番の穴埋めを、役員や他の班長がやらないといけなくなります。

私のいた団地自治会では、班長が出せなくなったエリアが出始め、そこの自治会費の集金や自治会広報紙の配布を自治会の正副会長がやらないといけなくなりました。

班長の仕事の面倒くささは、何と言っても集金です。

これが家賃などといっしょの引き落としになっているところは、手間の問題だけでいえば本当にうらやましい限りです。一軒一軒集めて回る、うちの団地自治会のようなタイプでは、すんなり集まる場合はいいのですが、中には昼間はほとんどおらず、早朝深夜にしかいないような住民とか、居留守を使われるとか、逆に集金者（つまり班長）が早朝深夜しかいないような場合などは、何度も何度も行ったりとか、あるいは仕事をやりくりして集金の時間をつくったりしないといけなくなります。

実際の拘束時間はどれくらいなのか

ただ実際に班長になった場合、どれくらい時間が必要なのでしょうか。

私がいる団地自治会では、班長（棟委員）は基本的に月に1度の1時間の班長会議に出てくること（年12時間）、夏祭りと餅つき（それぞれ本番2時間、準備2時間）を手伝うことが最小限の仕事になります。

これに先ほど言った集金が加わりますが、3カ月に1回。集まりやすい世帯だけならまあ1時間もあれば終わります。

あとは、なかなか会えないいくつかの世帯が残り、これが面倒くさいのですが、実際にはそういう面倒くさい世帯を全然集めていない班長もいっぱいいました。いいんです、それで。しようがありません。実際私も「無理しなくていいですよ」と言ってきましたし。だからあと1時間としましょう。

3カ月に2時間ですから、1カ月で40分、年間で8時間とします。

さっきのとあわせて、年24時間、1カ月2時間です。

そして、私は必ずこう言ってました。

「自治会はお仕事や生活の必要を無理してやるものではありません。お忙しいときは遠慮なく言ってください」

実際、「今日は仕事で班長会議には行けません」とか「餅つきの日は病院に行きますので」という理由で出席しない班長もけっこういました。会議の半分以上を欠席する班長もいました。

無駄な時間が多い

町内会の仕事が忙しすぎる…というよりも、会議が異様に長い、とか、会社組織ではおよそ考えられないような非効率がはびこっていたりとか、つまり無駄な時間が多すぎることが嫌だという人もいます。

たとえば、会議はすぐ脱線します。

お年寄りなどは、たちまち昔話や子どもの自慢話になっていったりし、それに同調する周囲もいて、時間内に終わらせるのは一苦労です。しゃべりたい人はずっとしゃべっていて、黙っている人はずっと黙っています。

会議準備も、いい加減です。

たとえば夏祭りは毎年やっているのに、マニュアル化さえされておらず、毎年準備の始めに「さて何が必要だったっけな」というところから始まります。

そのあげくに、時間内に必要なことが決まらずに、もう一回会議を開くようなこともあります。「繁忙」というより、だらだらと拘束時間が長い、という感じなのです。

ただ、こういう非効率を一概に敵視もできません。

こんなまったりとした空気で、無駄話もふくめてやるのが、親睦を深めるコツでもあるからです。無駄と思える昔話のなかで、「あっ、この人はこの団地に来る前は、東京のデパートで働いていたんだな」とか「相当な盆栽好きなんだな」とかいうことは垣間見えるのです。そこから気心が知れるということは確かにあります。とはいえ、限度がありますし、こういう空気に耐えきれない人には、無駄な時間がすぎていっているようにしか思えません。

会長や役員になりたくない

町内会の係を引き受けたくないという理由の、もう一つ大きなものは、班長ならまだしも、そこでさらに互選されて役員にでもなったら大変だという思いがあるからです。

テレビドラマにもなった、加納朋子さんの小説『七人の敵がいる』（集英社）には、働くママとなった女性が出会う、「無償労働」の数々が登場します。ＰＴＡ、町内会（自治会）、子どものスポーツクラブ運営などです。

この中で、家のことをしない夫が、年度がわりに町内会の班長会議に能天気に出ていって、役員を引き受けてきてしまうというエピソードがあります。

こういう場合、多くの町内会では、サポート役で前年度の役員が多少残ったりしますが、年度ごとに一新してしまうところもあります。

私のいる団地自治会はもともとこういう形式でした。

ところが、ある年度から役員が固定しはじめます。

「会長は無理です」「会長をするくらいなら班長はしません」「班長をしなきゃいけないなら町内会をやめます」というパターンが続いたせいです。「仕方ない、私が今年度も残留しよう」という義侠心（？）を発揮されて会長を引き受け続けてきたのが私の前の会長だったのです。このような固定化によって、まったく会長や副会長が動かなくなってしまう町内会もあります。

毎年役員がかわるところは、新任者でもできるようにマニュアル化されたりするのですが、役員が固定化しはじめると、良くも悪くも、「慣れ」が生じて、だいたいこんなもんだろとわかるようになってきてしまいます。その人しかわからないような体系になっていき、さらに慣れたことでますます多くの仕事を背負い込んだりします。つまり、どんどん他の人と交替しづらくなる悪循環に入っていくのです。

横浜市の調査では、町内会長に6年以上在職しているという人が28％あり、11年以上が1割をこえています。

いったん引き受けたらやめられない

副会長の大岡さんは、副会長になってすでに20年になります。

仕事しかしてこない人間だったそうですが、20年前、「うっかり」自治会の班長を引き受けてしまいました。それから20年。

輪番制が崩れ出している町内会では、この「うっかり20年」のような固定化が広がりはじめます。

善意で「町内会の仕事を少し手伝ってもいいよ」という人はいます。そして実際に手伝ってくれます。しかし、自分がずるずるとハマりこんでしまう、負担が増えていくというのはとても恐ろしいことなのです。

必死でハンティングしようとすると、顔つきがギラギラしてきて、押しつけがましいムードがそこはかとなく漏れてきます。かといって、「もう今年も私でいいや」とあきらめてしまうとホントに引き受け手はいなくなってしまいますし…。


【ちょっとした改革のポイント】

すぐできることは、班長や役員になったときの拘束時間の目安を示すことです。そして、仕事や生活優先であって、事情を伝えて、無理なときはちゃんと断っていいんだというルールを確立することです。「ルールを確立する」なんていっても難しいので、「今回は出られません」と書いた札をつくって、断りやすくすることで引き受けるハードルが下がります。

ただ、輪番制のように、「半ば無理矢理、係になるしくみ」というは「初めは嫌々やったけど、やってみたらけっこう楽しかった」ということが町内会の仕事の場合は少なくないんですけどね。

4 「ラスボス」は「偏屈じじい」

さて、私が加入をすすめに団地を回ったさいに、これまたよく聞くのは、「むちゃくちゃな町内会役員（とりわけ会長）にふりまわされた」式の、その人の悲惨な町内会体験が加入を断るベースにあることです。

「全国調査」でも町内会長の97％が男性で、しかも50代未満は2割しかいない、という現状なので、どうしても「仮想敵」は「じじい」という表現になってしまうのですが、その種の「偏屈じじいトラウマ」を抱える人がいるのです。

「偏屈じじい」はなぜかそのコミュニティーで孤立しているのではなく、君臨しており、いわば「ラスボス」（ゲームで最後に出てくる最強の敵、ラスト・ボス）状態なのです。

トラウマを語る人にはパターンがあって、逆にいえば、こうした「ラスボス」のパターンでもあります。

①**規約や手続きを無視して勝手な運営をしている**……たとえば団地の広場などでの子どもの遊び方を突然決めます。「ここでボール遊びを禁ず」とかですね。苦情を言うと、怒鳴られたり、嫌がらせをされます。町内会の規約そのものがなかったり、あっても規約どおりに運営されていません。

②**私物化している**……町内会の備品などを勝手に使ったり、町内会の施設・部屋に私物を置いたりしています。

③**使い込みます**……私物化の最たるものですが、まともな会計報告もなく使い込みます。また、体《てい》のいい項目をつくって飲み食いします。

④**話が通じない**……「議論できない」と感じてしまうそうです。一般の会社の会議では通用する理屈が通りません。一度会議で話して決着がついたはずのことがふたたび平気で蒸し返され、もはや何を言っても通らない状態です。

ただ、これは反目する側からの見方です。別に私が一つひとつ裏をとっているわけでもありません。

たとえば「飲み食いに使われている」というのは、先ほどあげたA団地調査の「〈お金を〉集めて何になっているか、みーんな噂してます」の発言のように、自治会の収支報告がなくなったという事実からの「噂話」にすぎないものもあると思います。こうした町内会批判をする人は、逆に役員側からは「モンスター居住者」のように見えているかもしれないわけです。

自主的な組織である以上起こり得る必然

問題は、町内会というものが、法に定められた制度ではなく、自主的・自治的な組織である以上、民主的にそれをコントロールする水準は、住民にまかされざるをえないということです。法律で「規約は必ず必要」とか「総会は年1回以上」とか「役員選挙は必ず秘密投票で」とか定めるわけにはいかんのです。

逆にいえば、たとえ規約もなく、総会も定めていない、会計報告もないような「非民主的」町内会であっても、参加者がよく集まって話し合い、本当に和気あいあいとやっているなら問題はないのです。小さなコミュニティーでは、四角四面の手続きをもうけるのではなく、そのほうがうまくいくことは十分ありえます。

私の知っている、ある町内会は、内部でごたごたが起こり、批判者を排除し（脱退した）、二度と復帰できないような制裁を規約にもりこんだあげく、「この条項は永久に変えられないものとする」という一文を入れました。総会での厳粛な手続きを経て、です。

アホか、と思いますね。

こんな条項をいくら入れても、たとえば役員が一新されて、この規約全体を廃止して別の規約を一からつくり直したり、この「永久不変条項」のすぐ後に「前条は特にやむを得ない事情がある場合に限り、改正することができる」と別の条項を追加してしまえば、あっさり無効化できます。

要は、憲法や法律ではないのですから、そのときどきの住民の多数がどう考えているかで決まるのです。規約やルールというのは、一応の目安にすぎません。自主的な組織のルールとはそういうものです。本当は、何かを押しつけることはできないのです。

「ラスボス」を排除するかどうかは、結局は住民の多数（過半数）がどう考え行動するかにかかっているのです。言い方をかえると、多数の意見を組織できれば、「ラスボス」を替えることはできます。組織できなければ、最終的には町内会を抜ければいいのです。もし本当に「嫌がらせ」をされたのなら、それはもう警察の領域の話です。

【ちょっとした改革のポイント】

町内会を民主的に運営するために規約、議事録、会計報告をどうやればいいのか、というガイドブックを発行している自治体があります。たとえば札幌市の『町内会活動のヒント』『町内会活動のヒント資料編』という冊子があります。これは規約の参考例とか、チラシの見本とか、いたれりつくせりの中身になっています。札幌市のものを参考にしてもいいし、どの自治体でも似たようなものは発行していることでしょう。

ただ。

そういうものがいくらあっても、それを「ラスボスじじい」が大きな顔をしている町内会に採用させるのは至難です。

どうすればいいのか。

私もこの手の相談を受けることがあるんですが、相談してくる方は「行政に苦情を言ってなんとかしてもらおう」という発想をされる方が少なくありません。役所の中に地域コミュニティーを支援している部署があって、たしかに町内会の担当になっています。しかし、町内会・自治会は文字どおり「自治」の組織であって、本来行政が介入して何かすべきものではありません。お門違いなのです。そして実際、行政はこの手の問題で何かしてくれるわけではありません。

けっきょく、自分たちの手で改革するしかないのです。

こうした相談を受けると、たいていの場合、相談する人は、お一人でたたかっているケースが少なくありません。独りでたたかうのは勇気が要りますし、すごいなあとも思いますが、やっぱり「同志」がいないとくじけてしまいがちですよね。

もうあと1人でもいいので、同じ問題意識をもった仲間をつくりましょう。できればさらに2人、3人と広げていくのがよいと思います。「徒党を組む」ことは、弱さを補い、くじけそうなときも励ましあって乗り越えられるからです。

こういう動きをつくったケースを知っていますが、「ラスボス」の方は、「そんならお前たちがやってみろ。俺たちはもう町内会はいっさいやらないし、何の手助けもしない」と現役員の総退陣を言い出したことがあります。改革をしかけた方はびっくりして、「それはできません」と引き下がってしまいました。すべてを投げ出されてしまうと、そんな業務量を引き受ける時間も力量もない、というわけです。

自分たちが「与党」になったときのことも考えてねばり強くとりくんでいけるような仲間や同志を1人でも2人でもつくって、地道に変えていきましょう。

5 「出ごと」が多すぎる校区の仕事

私が自治会長になって一番へキエキしたのは、何と言っても校区との関係でした。校区というのは小学校の校区のことで、町内会の連合体をベースにして防犯、防災、青少年、衛生、環境、男女共同参画、体育協会など10以上の団体からなる自治団体協議会（自治協）をつくっていました。

校区運動会に出たくない

この自治協の月例会議が月に1回あったのですが、それとは別に新年のレセプション、総会、研修会、夏祭り、文化祭、運動会、餅つき大会、防災訓練などがあり、こうしたイベントごとに準備の会議が何回も催され、さらにそれぞれ本番の動員がかかりました。

校区の運動会はいわば町別の対抗運動会です。各町内会ごとに住民が参加して、テントを出し、弁当も手配してやります。

ところが、うちの団地はどうだったか。

ほとんど参加者がおらず、自治会の副会長である大岡さんと、自治会を手伝っていた鶴島さん（第1章参照）が2人だけ出場し、「障害物競走」「ムカデ競走」「パン食い競走」「親子でタイヤ引き」「ブロック別リレー」「町別リレー」「綱引き」など、ほぼ全種目にヘトヘトになるまで2人で交替しながら出ていました。

本当はとても楽しく温かい行事のはずです。近所で赤ん坊の頃から見てきたあの子が、あんなに速く、ごぼう抜きしちゃったよ……みたいなのがジーンとくるわけですが、特に感慨にふけってもらえることもない、いい歳のオトナ2人だけが、ヘロヘロになるまでやっていたら、戯画を通り越して地獄です。

私が会長になってからは、そんな馬鹿馬鹿しいことはやりたくないので、参加しませんでした。

校区の運動会では、校区をさらに細かくいくつかのブロックに分けて、そのブロック内の他の町内会との事前の打ち合わせが何度もありました。参加者を細かく把握し、出場競技に穴がないように埋めていきます。このブロックの打ち合わせが何度もあり、私のいた団地自治会が持ち回りなのだから今年はまとめ役をつとめるようくり返しまわりの町内会に圧力をかけられました。

しかし、私は「できません」の一点張り。

実際、夕方からの保育園からの子どもの迎えや、帰宅後の家事は私がしており、無理でした。だいいち、自分の自治会からはほとんど出場者がいないのに、なんでまとめ役をしないといけないのでしょうか？

それは「おたがいさま」「もちつもたれつ」だからです。

ブロックでの打ち合わせはおそろしく険悪なムードになったのですが、幹事役については「じゃあ今年は特別にうちがやりましょう。来年はお願いします！」と言い切られながら別の町内会が引き受けてくれました。

次の年はさらに悲惨で、ブロックから参加する一般家庭の人たち数十人が集まる会合で、もはや当然のようにして私が「まとめ役」ということで話がすすんでいこうとします。針のむしろでしたが、私は空気を読まない人間のふりをして「すみませんが、今年も引き受けられません」といって、引き受けられない理由などを書いた文書まで配りました。

それまで楽しく競技の話をしていた数十人が、いっぺんに沈黙です。場が凍りました。その文書にそって理由を話したあと、怒った隣の町内会役員などが「自分たちの番だけ抜けるというのはおかしいじゃないか。みんな公平に分担してきたのに」と批判します。「自治会のことをやるために、仕事も家庭も犠牲にしろというなら、あなた方が補償してくれるんですか」とこっちも売り言葉に買い言葉になりました。

そして、「ハァァァ…ッ」と大きなため息をついて、またしても「じゃあ、今年もうちがやるよ！」とふてくされたように別の町内会長が言いました。私は「ありがとうございます。申し訳ありません。では失礼します」といって、1人だけ退席してきたのです。

10以上の団体のそれぞれのイベントにも…

いま自治協のメインのイベントのことだけを言いましたが、それ以外にもさっきあげた防犯だの環境だの青少年だのといった10ほどの団体すべてに、それぞれ独自に会議が月1回くらいのペースで開かれます（計10回以上！）。そしてそれとは別に、団体ごとにイベントがあるのです。男女共同参画委員会は花壇の花植え、環境委員会ならいっせい清掃や生ごみコンポスト作りなどです。

もともとこれらは町内会とは別の独立した団体なのですが、実態は町内会の役員や班長などが「とりあえず出ている」というところが少なくありません。もっといえば、町内会の正副会長くらいがすべてかけもちしている、というところもけっこうあるのです。

そうなると、1人でいくつもの団体の会合に出ないといけなくなります。

私の団地自治会は、渉外は基本的に私1人だったので、私がすべて出ることになります。まともに出席していたら、身がいくつあっても足りません。

毎月のように届く、会議の出欠はがきにはすべて「欠席」と書いて出しました。はがきには「必ず代理を出してください」と明記してあるのですが、無視せざるをえませんでした。

校区には拠点となる集会施設があり、そこで事務担当をしている女性は、何度も電話をしてきます。会合のたびに「紙屋さん！　今日は環境委員会ですけど、もうとっくに始まってますすよ！」ときつい言い方で詰問の電話をかけてきます。「今日は仕事で出られません…」と言うと「代理の人を出すように書いてあったはずですけど？」とさらに追及されます。「出せません」と答えると、「ハァァァァ…ッ」というわざとらしいため息が電話のむこうから聞こえます。ガチャっと電話が切られます。

今日は出られるから出てみようか、というときに行くと、なぜいつも来ないのか、その女性から追及されます。別の町内会長が「あの人も、たまにしか来ない人が来たら『わあ、よく来てくれましたねえ、ご苦労様です』とかねぎらいの言葉ひとつでもかけたら、ぜんぜん違うのにねえ」と苦笑していましたが。

これはその事務の女性の、ある意味で誠実さの現れだと私は思いました。出席率を上げたいという校区の自治協の雰囲気を生真面目に追求しているために、こんな物言いになってしまったのでしょう。どうでもいいと思っていたら、こんな「真面目さ」は発揮しないでしょう。完全に逆効果だったわけですが…。

校区はさらに対応をエスカレートさせていき、総会で規約を改定し、町内会以外の団体でも会議に欠席する場合は、必ず町内会が責任をもって誰かを出席させることを義務として課す条項を、すべての団体規約に盛りこんでしまいました。団体の規約に、その団体とは別の団体の義務を記入するなど前代未聞です。強制をかけることで出席率をあげようという、悲しくも恐ろしい「知恵」だったのです。

行政の下請けとしての歴史

どうしてこんなことになっているのでしょう?

正直いって、ここまでひどいのは、私がいる校区特有のことだったかもしれません。

ただ、同じ自治体のなかで、校区の仕事が多すぎてつぶれてしまう、という苦情を出している町内会長には数多く出会いました。

ここで、少し歴史をさかのぼって考えてみます。

アジア・太平洋戦争の前にまで時代は戻ります。今から70年以上も昔のことになります。戦争が始まる以前にも、町内会は行政の中にすでに位置づけられていましたが、中国との戦争が始まって、町内会は、それまでの集落や町で自然に生まれ育ってきた自治組織としての性格を完全に奪われて、行政の末端にがっちりと組み込まれました。

戦後、アメリカを中心とした占領軍によって、町内会自体が戦争に国民を動員した草の根組織であるとして法制度上「廃止」されますが、法制度の外で、町内会は「自治会」などと称して名前や姿を変えて生き残ります。日本が形のうえで独立国になった後、復活しますが、町内会は法制度上はっきりした位置づけを与えられてきませんでした。

私の団地があるH市では、戦後、各町に「町役」という特別な公務員を置きました。建前では町内会長がなると決まったものではありません。地域の誰かがなるのです。しかし、事実上「町役」になる人は町内会長であり、町内会長である「町役」を通じて市の広報の配布をはじめ、さまざまな市の仕事の「下請け」が町内会の住民組織網を使っておこなわれました。

町内会への参加を義務づけて行政の末端組織にしてはいけない、ということは、守られるべき原則として、生きていたわけです。だからこそ、公然と町内会長イコール町役とすることははばかられたのだといえます。

しかし、それは建前であって、実態はこのように町内会を行政の「下請け」として扱ってきました。

1990年代に入り、NPOなどの自主的な市民団体の運動が盛んになると、行政と対等にしなければいけないという機運が広がります。

折も折、H市で全市をあげたイベントがおこなわれたとき、それへの参加チケット（有料）を各町に事実上割り当てる問題が発生しました。「町役」を通じて町内会への押しつけがおこなわれたのです。これに多くの町内会で反発がおきました。これをひとつのきっかけとして、「町役」制度は解体され、今後は町内会と行政は対等なパートナーになると宣言されて、現在のような自治団体協議会方式が生まれました。

行政の一員である「町役」は消え、行政は明文化されたルール（要綱）にもとづいて自治団体へ補助金を出すようになったのです。町内会や自治団体と行政の関係をあかるみにだして、きちんとしたルールをもうけたのです。この改革をおこなうさいに、財政支出そのものを減らしたいという行政側の思惑もありましたが。

しかし、この自治団体への補助金もくせものでした。

H市の自治団体への補助金の要綱を読むと、防犯や環境など8つの自治団体を置かないと補助金はあげませんよ、となっています。また、校区全体の8割以上の町内会を組織しないと補助金はあげませんよ、とも書いてあります。

けっきょく、各校区の自治団体は、この要綱の路線にそって形づくられ、補助金による縛りが続くことになりました。しかもこれまでは「町役」に対して、つまり各町に渡されていたお金は、今度は校区にまとめておろし、校区がその配分を仕切ることになりました。

もちろん補助金のもとは税金なので、その支出には基準が必要です。縛りをかけずになんでもいいから渡せ、というのもダメでしょう。

問題は、それが校区の活動のあり方を縛り、事実上の「行政の下請け」としての側面を続けるものになっていないかということです。

私がいる校区の場合、校区のやり方があまりに強引だったこともあって、次々と町内会が校区自治協を脱退するという事態をまねいていました。

さらに、先ほどから述べてきたように、各種の自治団体はどんどん形骸化していきました。会議をやっても人が集まらないのです。いつも決まったメンバーが数人だけ。要綱どおりになっていないことがあまりにも歴然としています。そのために無理筋の強制をかけて、各町内会から動員させようとしたのです。

「町内会＝行政下請け」論とその主張への批判

他の自治体では、もっと行政との関係がダイレクトなところもあります。

たとえば滋賀県の野洲市は、「自治会」について「地域のよりよい生活環境の充実を図ります」と条例に役割を定め、「自治会長」は「市職員」として印刷物配布などの仕事を委嘱され、市から報酬を受け取っています。

市側は「協働のパートナー」と言っています。他方、「行政の下請け」という批判があるのも事実です。

実は、「町内会は行政の下請けである」という議論は、私が唱えたものではなく、非常に古くからある議論です。

たとえば、『あなたの「町内会」総点検』（佐藤文明、緑風出版）は、町内会のありようを強く批判しています。１９９４年に初版が発行され、２０１４年現在ですでに三訂を重ねています。

この本は、現実に存在している町内会の多くがプライバシーに介入したり、人間関係を拘束する負（マイナス）の社会関係資本になってしまっていることを批判しています。そして、行政との関係では下請け化している現実をさまざまに告発しています。

「伝統的な町内会・自治会は、その後〔戦後の占領支配が終了して自治会・町内会が復活して以後――引用者注〕、地方行政の貧困を支え、末端の手足となっていきます。防犯灯の設置や維持管理、害虫駆除の薬剤散布、回覧板による自治体広報への協力などです。

自治体もまた町会長を集めては懇談し、そのための食事代などを予算に計上。ボス的な町会長は庁舎を濶歩しています。強いボスを抱えた町内会では、側溝の補修や道路の舗装なども進みやすく、議会選挙に立候補するともなれば、町内会ぐるみの応援が始まります。こうした構造は、今でもあちこちの地域に見出すことができます」

こうした「下請け」論に対しては、町内会の役割を強調する学者や論者たちから、たえず批判がくわえられています。

たとえば、町内会の役割を強調する中田実氏（名古屋大学名誉教授）らは著作の中で「『行政下請け論』の克服」という項目を立てて次のように論じています。

「市町村はその掲げる計画にしたがって自治行政を行っていますが、その中身は町内会レベルでも必要な活動が多いのではないでしょうか。防犯・防災・環境保全などの活動がこれに当たります。行政からの指示で町内会がこれらの活動に取りくむとき、それは町内会によってやらなくていい活動といえるのでしょうか。行政下請け批判論からすれば、町内会がこれらの活動をしないことが自立と見えるかもしれません。しかし、現実にはそんなことはありません。問題は、その活動を行うことにあるのではなく、その活動を行うことを町内会が主体的に議論し、みずからの課題としてその問題に取り組んでいないのではないかということです」

この議論をみてみると、行政の下請けになって町内会が苦しんでいるという実態があるという現状認識自体は、両者とも共通しています。しかし、機械的に反発して行政からできるだけ距離をおくのではなく、町内会が自分で判断したものを主体的にやればいいではないか、というのが中田氏らの議論です。

結論からいえば私も中田氏に賛成です。しかし、現実はそれほど単純ではないでしょう。

「防災や防犯の活動は大切なので、やりましょう」という濃いムードが漂ったとき、「防災の事業は大事だと思いますが、うちの町内会の現状ではやれません」ときっぱり言えるでしょうか。それを自由に言える保障を何重にもつくっておかないと、容易に、かつ形式的に強制されるハメになるように思います。

公団自治協と比べてみる

私のいた団地自治会は、校区だけでなく、UR団地の自治会の協議会にも参加しています。公団住宅自治会協議会（公団自治協）といいます。

校区の自治協と比べると、公団自治協は驚くほど居心地がいいところです（ただし、以下の話は私のいる校区と比べてですし、公団自治協といっても地方ごとにいろんな姿をしているので、あくまで私の体験にすぎません）。

まず、会議への参加強制が一切ありませんでした。公団自治協の会議は月1回だったのですが、私は子育てがあって日曜日には参加できるかどうかわかりませんと申し出ていました。公団自治協側はそれを尊重してくれました。

また、公団自治協はイベントの実施団体ではなく、URに対する運動団体という色合いが強いのですが、たとえばURとの交渉や集会などへの動員を無理に課されるということはありませんでした。もちろん運動団体ですから、参加数などについて目標をもってとりくみ、その目標にむけて自治会に声かけや働きかけはおこないます。

しかし、強制ではない。何よりも、あらかじめ言って参加すればそのことをきちんと尊重してくれるというのがうれしかったのです。

会議に参加していても、「公団自治協が上、参加自治会が下」という雰囲気はまったくありません。むしろ「気を遣っている」という感じです。それぞれの事情があって参加していることが踏まえられているので、お互いが対等・平等、そして単位自治会のことに介入することは、まずありえません。

私の地域の公団自治協は、運動会でなくボウリング大会をやっていましたが、私の団地自治会は参加しませんでした。しかし、参加しなかったからといって「なぜ1人も出さないのか」「何人動員するんだ」と追及されるということはおよそありませんでした。出場する自治会だけでおこなわれます。当たり前といえば当たり前なんですがね。

なぜこんな雰囲気なのかといえば、自治会の加盟や参加を一つひとつ呼びかけているからです。気に入らない自治会は平気で出ていってしまいます。私たちの団地が参加するさいにも、公団自治協の役員の方が自治会の会議に説明に来ました。「どんなメリットがあるんですか」「あんまり会議とかには参加できないんですがいいんでしょうか」などの疑問にていねいに答えてくれます。そりゃそうです。尊大にふるまっていたら、そんなところにはいられないと言って出ていってしまうからです。

私たちの団地自治会が参加する直前に、脱退する自治会も見ました。「役に立たない」という理由でした。それぐらい自由なのです。

こうした関係の中で築かれた団体ですから、上意下達の団体にはなりようがありません。

他方で、URとの関係は、町内会と行政との関係を考えるうえでも興味深いものがあります。

URと公団自治協には、一種の緊張関係があります。たとえば公団自治協の第41回全国総会のトップの要求項目は、「家賃値上げ反対」と「民営化反対」です。つまり、昨今のURの経営方針と対立しているわけです。

そうなると、交渉のたびに、URと公団自治協は激しいやりとりをします。私も機関紙で見る程度ですが、UR側が値上げの根拠に使っている、近くの民間賃貸にたいする家賃調査が公団自治協から見て「いかにデタラメか」ということを自分たちの独自調査をつきつけて交渉したりします。

ではは戦闘的な労働組合のようにいつも経営者をつきあげる追及ばかりやっているのかといえば、そうでもありません。

URから自治会に事業の窓口になってくれるように頼まれることもあります。たとえばURは「緑のカーテン事業」というのをやっています。ツル植物をベランダで栽培して日差しや熱を遮断し、冷房のエネルギーや費用を節約しようという事業です。URはゴーヤの苗や土、肥料などを無償で希望する住民に渡しています。この窓口に団地自治会がなっています。私がいる自治会でも住民に希望を募り、とりまとめてURに伝え、配布までを自治会が請け負っています。これは見ようによっては「下請け」なのですが、先ほど述べた全体の緊張関係・信頼関係の中でのひとコマなのです。

UR側は公団自治協との懇談で、

「国の政策として意思決定されている事項については、この場で議論しても解決する問題ではないが、皆さんに満足してお住まいいただけるよう、どのように団地管理を行っていくかについて皆さんからアドバイスをいただくことはありがたいことと思っている。また、コミュニティーの形成についてご尽力いただいていることに感謝したい」

と述べているのをみるとわかりますが、微妙な緊張関係と信頼関係がURと公団自治協との間にはあります。

本来、行政と町内会、連合体と個別町内会もこういう関係が必要ではないでしょうか。

【ちょっとした改革のポイント】

この問題を考える基準はどこにあるでしょうか。

アリストテレスという古代の哲学者がいますが、彼は一番いい規模の共同体とはどういうものかと論じ、「一目で見渡すことができる程度」だと言ったことがあります。

自治やコミュニティーの基本単位は、「一目で見渡すことができる程度」、つまり単位町内会のレベルです。校区が基本単位ではありません。私のいた団地自治会のある小学校区は2万人も住んでおり、ちょっとした市です。これではコミュニケーションがスムーズにいくような自治はできません。

これが基準だと考えれば、校区というものは、あくまで傍役《わきやく》にすぎません。

行政は、中間団体である校区、しかもその幹部とさえうまくやれれば、面倒な個別町内会とのやりとりや責任がなくなるので、校区を掌握したがりますし、校区を単位にものを考えがちです。しかし、これはあくまで行政の都合というべきでしょう。

あくまで自治の単位は、顔の見える範囲の町内会・自治会のはずです。

そう考えれば、校区の役割はとても限られたものになるのではないでしょうか。

私は公団自治協のような、個別自治会と連合体の関係、連合体と行政の関係を結ぶべきだと思います。

具体的には、校区は個別町内会、つまり自治の基本単位の単なる連絡協議会だということを踏まえるべきです。私のいた校区のように、まず校区としての行事を決めて、すべての個別町内会を、有無を言わせず動員するようなスタイルを禁止しなければなりません。たとえば校区の運動会一つをとっても、やりたいところだけが参加し、実行委員会も引き受けるが、やりたくないところは参加しなくてもよい……というこの簡単な原則を確認することです。

地域社会の研究をしている小木曽洋司准教授（中京大学）は、こうした連合組織について、「この組織の機能は主に広域的課題についての連絡調整事務であり、町内会の『上部組織』ではないことに留意しなければなりません」とクギをさしています。

そして、行政との関係でいえば、私は、完全に一度リセットすることが必要だろうと思います。つまり行政からの依頼をいったんゼロにしてみるということです。そのうえで、引き受けられる仕事がどれだけあるかを精査して、引き受けられないものは遠慮なく拒否すべきです。

6 入らんヤツは村八分！

もともとこの本を書くきっかけになったのは、私がどんな自治会長としての活動をしているかを書いたブログ記事だったのですが、そのブログ記事を書こうと思ったきっかけは、別の匿名ブログの記事でした。

「この前ゴミを持って行ったら自治会のじじいに〔「じじいが」の誤記か〕『きみ、自治会はいっていないからゴミは出せないよ』とか訳のわからんこと言いやがった。は？　とは思ったが朝急いでいたから適当にじじいとやり取り済ませてその場はしのいだ」

こういう文章で始まります。

（はてな匿名ダイアリー　http://anond.hatelabo.jp/20130724173518）

自治会がごみステーション（地域にあるゴミの一時集積所）の管理をしているので、自治会に入らない限りはステーションを使わせないよ、ということです。ここでこの匿名ブロガーは市に問い合わせをします。そうしてわかったことは、ごみステーションを使わない場合、自分で直接、埋め立て場までもっていってもらうということでした。このブロガーは「自分が住んでいるところから埋め立て地までは結構遠い」と書いていました。

このブロガーの言い分は「しかし毎月500円を払うのは馬鹿馬鹿しいしそもそもゴミ収集は行政サービスだろ？／それだったら市の職員がゴミをとりにくればいいだろ、そのために税金を払っているわけだから」というものでした。

このブロガーのいる市では、ゴミだけでなく、「行政情報の伝達」も町内会を通じてやっていて、ブロガーは「行政情報の伝達を自治会を主としているんだったら未加入者どうなるのよ？／災害情報とかどうするの？　自治会に入っていなければそういう情報は受け取れないわけ？」とひどく不満げでした。

必要なコストを負担せずに、成果にだけ便乗する人を「フリーライダー（ただ乗り）」といいますが、地域によっては、この「フリーライダー」を許さないとして、極力排除しようとする場合があります。

昔ながらの同調圧

「季刊地域」（農文協）という雑誌の2013年夏季号には、30年前に関西から島根県の山村（大田市）に越してきた夫婦（太田明夫さん）の話が出ています。当時、集落の町内会による葬式準備への参加が苦痛であったとしてこのように書いています。

「私の班は9軒。班内で亡くなられた方があると、さっそく全班員が集合し、翌日から2日間、夫婦が仕事を休んで、通夜・葬式など一連の運営に従事しなければならない。男性は野辺送りの準備や受付、接待など細かい役回りがあり、女性は通夜の『通夜ぶるまい』と葬式の食事『お斎（とき）』の一切をつくる。農家であろうと、勤め人であろうとよほどの事情でもない限り、基本的に個人の都合は言えない。

これが当時の私にとって何よりの苦痛だった。夜中に救急車のサイレンが聞こえると、つい葬式のことを考え、『止まるな！　近所で止まるな！』と車が行き過ぎるのを祈ったりしたものだ」

現在でも戸数の減少で班だけで葬式を担うことは難しくなりつつあり、料理などを簡単にするなどの変化が出はじめています。しかし、町内会が葬式を担う基本はまだまだ変わりません。

太田さんは、ただこのような葬式のあり方を、ある通夜を境にはっきりと「いいもんだな」と思えるようになったといいます。

「通夜の客一人ひとりに『夜伽《よとぎ》見舞』として供えられた饅頭を配って見送った後、もう使われていない駄屋《だや》（牛小屋）のそばにムシロを敷いて班の人たちがおしゃべりをしていた。時に笑い声を上げながらの農事談義や昔話、葬式にまつわる習俗の変遷などを聞きながら、ふと思ったのだ。これは死者や遺族の思いをないがしろにするものではなく、人が『死』というものに慣れていくための、ある種の儀式のようなものかもしれない。また、2日間の拘束は負担だが、こうして地域の人たちは互いに支え合い、つながりを深めていくのだろう、と」

一理あることはわかると思いますが、他方でこのような同調圧を町内会の仕事全体に感じている人も少なくないでしょう。

団地の自治会などで清掃や草刈りに出てこなければ罰金を課すケースを前に出しましたが、昔のような露骨な差別はほとんどなくなったとしても、そこに生きづらさを感じるのは無理もないことだと思います。先ほどあげた「フリーライダー」の排除は、ある意味で現代的な村八分ですが、こうした「無言の圧力」というのは、古くからある同調圧といっていいでしょう。

こういうものが町内会から流れてくるのを嫌う人は少なくありません。

町内会ぐるみの選挙

本来、政党支持などの違いを問わず、住民なら誰でも入れるのが町内会のはずです。ところが、それを無視して、町内会として特定の候補者を推し、集票動員などをかけたりする場合があります。

「氏神の祭礼に寄付金を課し、地元利益の代表者として特定候補を推薦し、選挙運動をし、行事への参加をわりあてるなど、見えざる圧力を加えていることが指摘されている」（中川剛『町内会』）

これは1980年の町内会の光景の描写ですが、現在でもこれがあてはまる町内会は決してごく少数とはいえないのが現実です。「全国調査」では「選挙での候補者支持」をしている町内会は、全体の21・2％にも及んでいます。

【ちょっとした改革のポイント】

まず、特定候補の応援を町内会としてはしないことです。

「集落の代表者だから」という言い分はあるでしょうが、そう思っていない住民がいる以上、思想信条の自由を侵すものです。許されることではありません。

それ以外の最も大きな問題として「フリーライダー」論がありますが、この問題は、別の章であらためて論じたいと思います。

【コラム】原型としての「戦時町内会」

「町内会は行政の末端」という町内会のイメージの原型は、戦前にあります。他方で、町内会を〝思想的に〟毛嫌いする人たちの中には、このような戦時体制の動員に町内会が組み込まれ、使われたことをあげる場合が少なくありません。

「戦時町内会」がどんなものだったのか、少しみてみることにします。次に紹介するのは、行政学者である中川剛氏の『町内会』（中公新書）からの引用です。

「町内会・部落会などは、昭和一五年九月一一日内務省訓令第一七号で……国民の精神的団結、国策の周知徹底、地域的経済統制といった目的のもとに整備させられていた。町内会は、原則として町もしくは丁目または行政区の区域による全戸加入の市街地住民組織であった。機構や運営は相当ていど慣行によることが認められていたが、それまでは任意団体として存続していたものが、この時点ではっきり制度化されたのである」

たしかに、太平洋戦争の時代の町内会はハンパじゃないですよ。『町内会の研究』(御茶の水書房)という本には、江戸時代から明治・大正・昭和の京都市での町内会の姿の変化を追った研究が載っています。

京都市では、戦時の町内会は次のような活動をしていました。

「当時の京都市町内会時報や新聞記事等から、町内会の活動事例を多くひろうことができる。神社への参拝、出征兵士の送迎、前線への郷土だよりの発送、軍馬用茶殻の収集、遺族の訪問、翼賛選挙貫徹運動、運動会(防空バケツ競争や綱引きなどが町内会や隣組の対抗で行われた)、防空訓練、鉄柵・火鉢・置物などの鉄製品や銅製品の供出、勤労報国隊の組織化、休閑地等利用の共同菜園、交替制買い出し、共同炊事等々である」

単語だけ聞かされてもよくわからないものも多いでしょうが、まず雰囲気だけでも味わってもらえたらと思います。生活の全体が丸ごと管理されているかのような項目がこ

図2-8

こうの史代『この世界の片隅に　上』双葉社、2008年、84ページ

れでもかと並びます。

すでに明治のころには、町内会は行政の機構として組み込まれているのですが、戦時になって、質が違うといっていいほど変化します。

「ここで強調しておきたいのは、当時の町内会が次の二点、すなわち国民の経済生活を厳しく統制する権限を与えられていた点と、これと関連して独自の事務機構を備えるようになった点で、それ以前の公同組合や戦後に成立する町内会とは異質な存在だったということである」

米やミソ、衣類、マッチにいたるまでの生活必需品をすべておさえて配給する力をもっており、そのための事務所や事務員までもっているのですから、ケタちがいの力ですよね。いまの役所でさえ、ここまで生活の首根っこをおさえている感覚はないでしょう。図2―8は、こうの史代さんが『この世界の片隅に』（双葉社）というマンガで、配給物資をもらいにいっているシーンですね。このマンガは戦時の町内会生活の描写がたくさん登場します。

ただ、ここで研究者が強調しているように、「戦時町内会」というのは、その前と後の時代と比べても相当に「異質」なもので、国民生活を丸ごとつかみすぎていました。想像してみれば恐ろしい組織になりうることがわかると思います。

町内会を公的な制度として〝完璧に〟組み入れれば、最終的に、ここまでいってしまうのではないかと不安になるのもわかる気がします。

第3章

ゆるゆるな新町内会をつくってみた

1　校区でつるしあげ――ココロが折れた日

校区の要請に応えられないと伝える

私は、嫌味を言われながら、次々と校区からふってくる要請にいちいち断りをいれることは精神的にしんどくなってきました。そこで、校区の要請には基本的には応じることはできない、要員を出せないことを校区側に正式に伝えようとしました。

しかし、ただ伝えただけでは校区側から反撃を受ける恐れがあります。一番あり得そうな反撃は「それは町内会員の総意なのか」「ちゃんと聞いたのか」ということでした。もちろん、どういう意思決定で「校区の行事には出られない」と伝えるのかは、本来は個別町内会の勝手です。校区が干渉すべきことではありません。

ただ、民主主義的にその決定はされたのか、という理屈はなかなか強いものがあります。私はそこは無視できないだろうと思いました。そこで次のような準備をしてのぞむことにしました。

私たちの自治会の最高意思決定機関は班長会議（棟委員会）だったので、そこで承認をとることはもちろん、会員全員にアンケートをとって意見を聞いた方がいいだろうと考えました。

班長会議では、私だけでなく、副会長の大岡さんまで、いかに校区の動員要請が弱小町内会には理不尽なのかということを説き、参加した班長もみんな同情してくれました。

すべての自治会員にアンケートもおこないました。

校区行事に参加する人が少なく、正副会長だけでまわしているために負担が大変であることを記したうえで「校区の行事には条件次第では参加できない旨を校区に申し入れてよいか」と質問しました。これは「参加しなくてもよい」という回答がほぼすべてを占める結果になったのです。

私はそのアンケート結果を広報紙にして団地の全世帯に配布するとともに、この広報紙をたずさえて校区の自治協の会長である大山さん（仮名）のところに出かけました。

私は、大山さんに対して、「私たちの団地自治会は、事実上正副会長だけが校区の行事に対応しています。校区からの会議参加の招集やイベントへの動員要請にはすべてこたえられません」と申し入れました。

同時に「一応団地全体に配る広報紙には校区の行事を知らせたうえで、やりたい人を募集し、その人たちに実行委員になってもらって事前の準備会議にも出てもらうようにします。いなければ参加しません」ということも伝えました。

大山さんはわざわざ乗り込んできたことに少し面食らったようでしたが、話を聞いて苦虫をかみつぶしたような顔をしていました。

そしてはじめは予想どおりのつっこみをしてきました。

「それはあなただけの独断じゃないのかね。ちゃんと会議にはかったんですか」

「はい、規約の最高議決機関である班長会議にかけて承認をもらいました」

「役員だけじゃだめよ。住民にはちゃんと聞いたんですか」

「全戸にアンケートをおこないました。これがその結果です」

印刷した広報紙を大山さんに手渡しました。

「このアンケートには、校区の行事がどう大事なものかが書かれていないよな。これじゃあ回答が偏るよ」

これには一理あるとは思いましたが、それ以上はつっこまれず、大山さんは認めてくれました。

やっかいだったのは、むしろ地域のブロックの町内会長でした。私に同情し、味方になってくれる町内会長もいましたが、ひたすら「困る」としか言わない町内会長もいました。

この点では大山さんのように、理屈で話をする方がまれで、むしろ地域の困った町内会幹部に多いのはこういうタイプの人たちではないかと思っています。人間的には好感の持てる人が多く、いまでも私とはつきあいがある人たちもいますが、議論がかみあわない、理屈が通じないとも感じるのです。

私のいるブロックには、校区行事である文化祭・防災訓練・運動会という3つのイベントごとに、幹事町内会を毎年決めていました。これに加えてブロック全体をまとめる幹事町内会というものを決めるので、ブロックには10足らずしか町内会がなく、2年に1回くらいのペースで何かの「幹事」が回ってくるのです。私たちの団地自治会がやらなくなってしまったら、ますます早いペースで幹事が回ってきてしまいます。町内会長たちがあわてるのも故無きことではありません。

私は人の動員がほとんどなく、当日町内会長だけ出ていけばいい防災訓練の幹事ならやってもいいと言いました。できればこれをずっと固定してもらって、他の幹事役を免除してほしいと申し出ました。

しかし、この提案はまったく認められませんでした。町内会長たちは輪番制が崩れてしまう重大性をよく知っているからです。

私がブロックの要請に応じないとわかると、今度は私を飛び越して、副会長の大岡さんに直接声をかけはじめました。名簿などにも、私ではなく大岡さんの名前を載せはじめたのです。

大岡さんは義理堅い人ですから頼まれたらイヤと言うことがなかなかできません。切り崩しやすいと思ったのですね。

一度私が出ていないブロックの定例会で、幹事町内会の輪番表が配られ、まんまと私たちの自治会が組み入れられていました。

私はこれは困るということをブロックの町内会長たちに話に行きましたが、大山さん以上にこれには苦労させられました。正面から申し出をしてもハナから聞き入れてもらえないのです。「もう限界だなあ」と思わざるをえませんでした。

突然の攻撃

しかし、校区との関係は、申し入れをしてから1年ほどは順調に続きました。ブロックのほうもごまかしごまかししながらやっていました。

時には友好的に、時にはきっぱり断る、こういう関係が続きました。

子どもたちが通る通学路の交差点の改良については、一心同体でとりくみました。前にも述べたとおり、私も提案書を出したり、市議会議員の聞き取り調査に協力したりしました。提案書を出したことは、校区の自治協会長である大山さんからも定例会で深く感謝を表明されましたし、私も大山さんの取り組みを、敬意をもって見ていました。

このままなんとかいけるんじゃないかな……そう思っていたときでした。

申し出をしてから1年ほどたった、ある晩の自治協の定例会でのことです。その中で突然「ちょっと言いたいことがある」と言って、自治協の役員の一人が挙手をして発言しました。

この人は石田さん（仮名）といいます。石田さんは自治団体協議会の構成団体の一つである体育協会の責任者です。校区の運動会などを仕切っているのがこの団体です。そして各町は自分のところから体育委員を選出しています。私の団地は体育委員のなり手がいなかったために、名簿に私の名前が載せられていました。もちろん町内会と体育協会は別団体です。しかし、体育協会の委員が出せない場合は、別団体であるはずの町内会の会長が自動的に兼職するというとんでもない規約改定がおこなわれていました。

石田さんは突然私を名指しで非難しはじめました。

「紙屋さん、あんたのところはいつも体育協会の定例会に出てこない。代理も出さない。一体これはどういうことですか」

石田さんは体が大きな人で、発言するだけで大変な威圧感があります。純粋な疑問ではなく、詰問しようとする感じに聞こえます。私はけげんに思いつつ、反論しました。

「書面議決書というのを提出しているはずですが」

委任状の場合、事実上白紙委任になってしまい、あとで「あなたも賛成しただろう」と言われるので、私は用心して「書面議決書」というのを出すようにしていました。これは意見を書いて、賛成・反対・保留などの自分の態度を表明しておけるものです。私は出席できない会議については、すべて「保留」という態度にしていました。これなら

「お前は賛成しただろう」とは言われません。

そして、この「書面議決書」が町内会の会議などで使えることがわかったのは、他でもなく、自治協が開いた町内会長むけの研修会のパンフレットに出ていたからです。つまり大山さんや石田さん自身がこの方式を推奨していたことになります。

ところが、石田さんは、

「書面だかなんだか知らないが、うちのルールでやってもらわないと困る」

と言うではありませんか。

「出られないときは、代理をたてるし、代理が出られないときは、町内会長が出るというのが規約でしょう」

と言います。

石田さんが〝斬り込み隊長〟の役割を果たしたあと、おもむろに校区自治協会長の大山さんが発言してきます。

「紙屋さん、会議に出なくて困るのは、あなたじゃなくて、あなたの団地の子どもたちなんですよ。校区の運動会のことを話す会議に、あなたの団地からは誰も出席がない。

出席がなかったら、誰が運動会の詳細を伝えるんですか。友達はみんな笑顔で運動会に行くのに、自分たちの団地だけ運動会に出られない。子どもたちの悲劇があなたの責任で生まれているんですよ。子どもたちをあなたの都合で犠牲にしていいんですか」

「子どものため」を口実にする言い方は、大山さんが自治協会長になってから広く流布されていました。別の自治協幹部に地元のスーパーマーケットで偶然会ったとき、同じロジックでなじられたことがあります。

私は面食らいながら、反論しました。

「うちの団地では、運動会に出たい人が手をあげて実行委員になる方式をとっています。本当にその子どもや親が出たければ、手をあげてもらえばいいと思うのですが」

ところが、大山さんは食い下がります。

「運動会の詳細を伝えなきゃ、誰も手をあげんでしょう。そんなもん。誰が詳細を伝えるんですか。あなたでしょう」

と大山さんは言います。私は反論します。

「どうしても伝えたいことがあるなら、校区が住民に印刷して配ればいいじゃないですか」

「いろんな問題で伝えたいことなんてたくさんあるんだよ。いちいちそんなことをしていたら、お金がいくらあっても足りない。印刷して配布するにもお金がかかるんだよ」

「回覧板にはさむ分だけでもいいでしょう」

「それだってお金がかかるんだよ。ただでできると思っていたんですか？」

直接関係のない町内会長たちはうんざりして、途中で発言します。

「それはここでやらんといかん議論かね。紙屋さんと校区役員で後からやってもらったらいいじゃないか。もう夜も遅いし」

私が黙って終わったので、なんだか「根負け」したかっこうです。残念ながら、私は逆上しかけていました。怒りを抑えるのがやっとで、どうにか口を真一文字に結んで黙っているのが精一杯でした。

ところが、それで終わらなかったのです。

つるしあげ

「紙屋さん、後で残っていてください」

大山さんから言われました。会議全体は夜の10時近くに終わり、私は残りました。そこに校区の役員が女性もふくめ、十数人ばかりやってきて、私を取り囲むように座ったのです。もちろん、石田さんも大山さんもいます。

この2人は、風貌だけからいえば、レスラーみたいな人たちなので威圧感が半端ではありません。こっちはエセ文系インテリ風のひょろ長メガネ。ゴングでも鳴ったら、1秒でぼろ雑巾になるでしょう。

そして、校区役員たちは、私1人を全員で追及しはじめたのです。しゃべっていたのは石田さんと大山さんだけだったので、まじめに相談するなら、せめてこの2人だけでいいと思うのですが…（それだけでも十分迫力があります）。

これは、噂に聞く「つるしあげ」ではないか？　と私は思いました。

「つるしあげ／大勢で、ある人をきびしく非難すること」（大辞泉）

ああ、まさにこれです。

大山「あなたは自分のところの町内会役員にも校区の会議や行事に出てほしいという説得の努力をしているんですか」

私「してますよ」

石田「私の両親はあんたの団地に住んでいるから、あんたのやっていることは全部知ってるよ」

それなら、石田さんの親御さんがうちの自治会の役員になって校区の会議に出てはどうかなと内心思いましたが、そんな言葉を返す余裕はありませんでした。

大山「会議で一通り言うだけじゃダメですよ。一人ひとり予定が本当にダメか詰めていったんですか」

石田「班長以外にも行ける人は、自治会に1人くらいいるだろう。きちんと探してないんじゃないのか」

私「それを一人ひとり聞いていくのは誰の仕事ですか。私と大岡さんしか動ける人はいないんですよ。1人に電話をかけたり訪問したりして予定を聞きますよね。もし留守なら、また電話をかけたり訪問したり…そんなことやっている時間はないですよ。それを全部私たち2人にやれというん…」

大山さんが途中でさえぎるように怒鳴ります。

大山「成果を見せんかい！（机がすごい音でドンとたたかれました）俺のいる町内会はきちんと出してるんだぞ。なんでお前のところの町内会は出てこんのか。成果として出とらんのよ。お前の努力が足りんのじゃ」

私も興奮して反論しました。

私「あなたねえ。自分のところではできたから、お前のところでもできるっていうのはおかしいでしょう」

大山「なんでじゃい。俺はやったぞ。お前はできとらんじゃないか」

私「あなた自身が参加を呼びかけた、人権講演会で、湯浅誠っていう社会運動家が来ましたよね。貧困問題や生活保護の問題にとりくんでいる人ですよ。私は家事や育児があって行けませんでしたけど。彼は本の中でなんて言っているか、知ってますか」

突然こちらがこんなことを言ったので、今度は向こうが面食らったようでした。

私「自分と他人とじゃ、生まれてから今までの間に利用できる社会資源がぜんぜん違う、親が裕福だったとか、いい友達にめぐまれたとか、そういう条件の違いがあるのに、『お前は貧困になったけど、俺はならなかった。だから貧困はお前の自己責任だ』、こういう理屈はおかしいって言ってるんですよ。町内会の話だって同じでしょう。あなたのところの町内会と私のところの町内会はぜんぜん条件が違います。私とあなたでも働く条件や家族がぜんぜん違います。それなのに『おれはできたから、お前ができないのはおかしい』っていう理屈は……」

大山「(さえぎって) ごちゃごちゃ言うな。あんたは学のある人間で小難しいことを考えとるのかもしれないが、そんな理屈並べる前にやってみいや！　俺は成果出しとるぞ！　俺はきちんとやっとるの！　けっきょくなんにもできんお前と俺では人間の器が違うわ」

……………………「人間の器」まで論じられるとは思ってもみませんでした。

まあ…こんなしょうもない記録をえんえんと読まされても気分はよくありませんよね。ここのやりとりを、「紙屋の側からみた主観的な風景」だと思っていただいていっこうにかまいません。問題は、そんなふうな心持ちになってしまった町内会活動というもの、社会関係資本とか「絆《きずな》」というものは、負の側面もあるのだということを知ってもらえればそれでいいのです。

なぜこんな「暴挙」に出たのか?

ところで、大山さんや石田さんはなぜこんな「暴挙」に出たのでしょうか。

実は、私以外にもこのようなつるしあげにあった町内会長は何人も出ました。やはり私と同様に、出席率・動員率が悪いということで、居残りさせられ、集団で罵倒を浴びせられたのです。一人の町内会長は、心を入れ替えることを誓わされました。別の町内会長は、休会して校区と無関係に行事をやっていることをなじられて、やはりつるしあげられました。この人は、町内会長をやめて、別の町内会長に交代しました。

他にも数例ありましたが、手法はすべて同じだったようです。

会議で突然追及され、居残りさせられ、つるしあげられるという手法です。中国の「文化大革命」時代に、ある日突然悪者にしたてあげられてしまう指導者の話を思い出しました。

大山さんをはじめとする校区自治協の役員のみなさんは、行政が求める補助金の要綱（行政が定める8つの事業をきちんとやり、校区内の8割の町内を組織できれば補助金を受け取れる。第1章参照）どおりの模範的な活動をきっちりそろえようとしています。それを補助金目当てだとか私物化したいのだと悪口を言う人もいるのですが、私は必ずしもそうは思いませんでした。

もともと大山さんは、それ以前の自治協の悪いところをただすという姿勢ででてきた会長で、新しい機軸を次々とうちだしていた自治協会長でした。最初に校区の自治協を脱退していった町内会は、「旧弊」扱いされたようで面白くなく、そのあつれきのなかで抜けていきました。

いわば改革者として登場したのが大山さんでした。なので、嫌がる人も多いのですが、逆にファンもいるのです。

しかし、行政が求める「町内会・校区像」に強く縛られ、それを無理矢理にでも実現しようとして、規約や威嚇《いかく》まで使うようになってしまったのでしょう。ふと、ロシア革命がその後、スターリン体制の恐怖政治になってしまったことが思い起こされました。

大山さんは「行政の下請け」であることを極端にまで推し進め、いっさいのボトムアップを否定してしまった存在だということができます。その中でおきた悲劇ではないかと、私は今では考えています。

2　自治会長をやめようと決心

つるしあげをうけて、日付も変わりかけた夜道を、私は自転車をこぎながら、「もう自治会長をやめよう」と心に決めていました。ここまでの負担を背負ってやるものではないと思ったからです。

誰が何と言おうとやめようと思っていました。

このままでは、下手をすると精神を病んだり、職場の仕事をおろそかにしたり、家事や育児を放棄してしまうことになりかねないからです。

次の日、副会長の大岡さんに、前日あった出来事を報告し、自治会長をやめることを告げました。大岡さんは、ひどく同情してくれて、もともと私が会長になるという条件で副会長になったので、私がやめるなら一緒にやめましょう、という話になりました。

もちろん、後継の正副会長の立候補や推薦は募る義務があります。

そこで、班長会議を開いて事情を話し、後継の正副会長になりたい人はいないか聞いてみました。誰もいませんでした。

そして、張り紙も出して、私と大岡さんが辞任することを告げ、後継の正副自治会長を団地全体で募集したのです。

1カ月の猶予期間をもうけましたが、応募は1件もありませんでした。

自治会は休会に

その結果、自治会は休会になりました。

このとき、自治会を解散してしまうという手もありました。

しかし、もしこの後、自治会活動に意欲のある人が出てきて、自治会を再開したいと思ったとき、自治会がなくなってしまっていると一から作り直すのは本当に大変になります。全世帯が出席する設立総会を開いたり、スタートするための資金を集めないといけないからです。

それよりは自治会財産も凍結して、再開するさいにそれを渡してあげたほうが再開しやすいだろうと思ったのです。

また、解散した場合、団地が立っている地域の町内会が、この団地を自分の町内会の新しい管轄範囲に設定する可能性がありました。つまり合併してしまうという「裏技」です。そうなると、またしても校区が出てきて、合併した町内会に加入させられて、激しい動員の渦に巻き込まれる危険がありました。

そこで、休会したままにしておけば、「自治会は残っているが、役員がいない」という状態になるので、校区の「魔の手」はのびてこないだろうと思ったのです。

もう一つ、校区の自治協を脱退するという方法もありました。

しかし、これは規約上不可能に近い状態でした。

普通は校区の総会や役員会で決定すれば脱退は事足りるはずです。

ところが校区の自治協では、最初に一部の町内会が脱退したあと、規約を変え、その町内会の構成員すべてから同意を得ないと校区の自治協を脱退できないような要件をもうけてしまったのです。校区が調査して、1人でも疑義がさしはさめるようになれば、脱退とは見なさないというわけです。

まあ、この後、その条項さえも乗り越えて脱退していった町内会があったといいますから、すごい猛者《もさ》もいたものだと思いましたが。

これに加えて、私には、年間4000円もの自治会費を預かりながら、総会を開かずに校区とのつきあいをやめて、なおかつその4000円をもらい続ける自信がありませんでした。仮に4000円を減額して2000円にしたとしても、本当に2000円に足る自治会活動なのかといわれたとき、やはり私には自信がありませんでした。

こうしたことを避けるためには、本来、総会を開いてすべての世帯に集まってもらい今後のことを話し合うのが一番だったわけですが、一軒一軒回って総会の案内をして、委任状を集めて…というような作業をしている気力、体力は私にはありませんでした。

「このままなくしてしまうのは惜しい」という声が

ところが、正式に休会を決める、おそらく団地自治会として最後の会議になるであろう班長会議で、一人の女性が発言しました。

「せっかく自治会がこれまであって、夏祭りや餅つきが団地の中でおこなわれてきたのに、これがなくなってしまうのは惜しいと思います。せめてどうでしょう、夏祭りや餅つきだけはやっていけるような組織を残しませんか」

リタイアの年齢で、長く自治会の活動に参加してくれていたかたでした。

彼女の発言は、その場にいた人たちの心からの、共通した思いでした。

誰も校区のさまざまな行事だの活動だのに、一つも未練はなかったのです。しかし、夏祭りや餅つきがあることで、この団地はかろうじてコミュニティーとして成り立っているし、あいさつができるような関係があるのではないかという思いが、自治会関係者の間にはあったのです。もちろん、それは自治会関係者の思い込みであるといわれればそれまでなのですが、そうであったとしても、この最後の班長会議にいる人たちのなかでは、その範囲であればボランティアでやってもよいという機運がみなぎっていました。

というのも賛同する意見が次々出たからです。

そこで、私は「じゃあ、せっかくですから、休会した自治会にかわる暫定的な組織をつくりましょうか」と提案しました。

そこで、団地自治会の休会とともに、それが再開されるまでの間、暫定的な組織をつくることを決議して、最後の会議は終了したのです。

3 新しい自治会の原則 会費なし・義務なし・手当なし

その後、しばらくして休会した自治会の役員、班長たちに呼びかけて、新しい〝自治会〟を発足させました。

この〝新自治会〟の原則は、会費なし、義務なし、手当なしの完全ボランティア、というものでした。

会費なし・加入は不要

これまで年間4000円の自治会費が必要でしたが、この新自治会は自治会費をとりません。ゼロ円です。当然そのための集金業務もなくなります。

収入は、寄付（カンパ）と事業活動（イベントの儲け）だけになります。それ以外には、行事などに参加する人が払う実費の参加費になります。たとえば会議室を使ったら、その会議室の料金200円を参加者で割り勘します。

旧自治会の財産は20万円ほど残っていました。しかし、この財産には手をつけないでおこうと思い、それも決議されました。理由は正式に再開するときの資金ですし、第一、「残ったお金を好き勝手に使おうとしている」なんて言われるのが嫌だったからです。財産は凍結し、1円も使わないまま、新自治会で管理だけは続けていくことにしました。求めがある場合はもちろん、定期的に公表し、お金が減っていないことを住民に確認してもらいます。

「でも自治会で何かやろうとしたら多少はお金がいるだろ？」と思う人もいるでしょう。まあ、そのとおりなのですが、ボランティア（自発性）が原則の組織ですから、寄付と事業活動でまかなうのを基本としたのです。

たとえば、夏祭りをするとしましょう。

売る物をシビアに見て、かならず儲けがでるようにするのです。そうすれば事業収入が得られます。目算がくるって赤字になったら……そのときは仕方ないですね。ボランティアですから（笑）。目算がくるっても大丈夫な範囲で、やりたい人がお金を出し合うしかないと思います。

寄付もこれまでよりもわかりやすくなります。

たとえば餅つきのウスがこわれたとします。「2万円のウスを買うから、1口500円の募金を40口集めます」と募集をかけるでしょう。何に使われたかはっきりしますね。たくさん集まったら、他のものに回してもいいわけですし。中途半端にしか集まらなかったら、集まるまで買えない。それだけのことです。もちろんあらかじめそのように断っておく必要がありますが。

また、これまでは自治会に加入する意思を表明し、会費を払う「自治会員」のみを対象にしてきました。そのために「自治会に入っている人・入っていない人」という区別がありました。

これをやめたのです。

団地に住む人なら誰でも自由に参加できるようにしました。もちろん、ボランティア、つまり完全に自発的なものですから参加しない自由も当然あります。

義務なし・完全なボランティア

これまでは、数年に1回は輪番で班長の仕事が回ってきて、集金や回覧板回しなどの仕事が義務付けられていました。

新自治会ではこうした義務をすべて廃止しました。やりたい人が自発的にやるという完全なボランティアを原則にしたのです。

そして、1時間でも5分でもいいので、手伝える人は登録してもらい、行事があれば声をかけるようにしました。そして気軽に「やります」「今回はやれません」と言えることをめざしました。

そうです。

「気軽に参加する」ということは、裏返せば「気軽に断れる」ということでもあります。

町内会には「出ごと」が多い印象があります。会議だの行事だのつきあいの飲み会だの。そういうものに「出なきゃいけない」ってなるとどうなるでしょうか。平日はくたくたになるまで働いて、せっかくの休みにまた町内会の「仕事」をやる、なんてことは割に合わないと思っても不思議ではないと思います。

ちょっとだけなら、できる範囲なら、協力してもいいという人はけっこういます。しかし、「ちょっと」かかわったら、「ちょっと」だけではすまないと尻込みされてしまうこともあります。「ちょっと」かかわったら、ズルズルとつきあわされる。断りにくくなる。断るといやな思いをする。そういうわずらわしさがイヤで、かかわらない……。

私は保育園の保護者会の会長もやっていましたが、保育園などはみんな現役の共働きだから忙しいのです。お互いそこは重々わかっているので、その保育園の保護者会の仕事はものすごく限定的でした。

1年間に拘束される時間は何分、何日、保育園のお祭りの協力にしても、入れる時間、シフトが30分なら30分と、きっちり決まっています。だから、すべての保護者が係をもっています。仕事で忙しいときは「今日はできません」ときちんとことわりを入れます。

そりゃそうです。お互い様だからです。ボランティアですし、仕事もあるし、家庭もあるからです。そういうものを犠牲にしてまでやるものではないのです。

だから、一番大事なことは、完全にボランティアにすることだと考えました。できる人が、できる範囲のことをやる、人から強制されたり、義務でやったりするものではないということです。

そのためには逆説的に聞こえますが、「簡単に断れる自治会にする」というのが大切だと思いました。「今日はできません」「当面忙しい」と気軽に言えることです。

こう言われると、言われたほうはちょっとこたえます。言うほうもいやです。依頼には気持ちよくこたえたい。

しかし、どこまでが自発的に協力できる範囲かを、お互いにきっちりラインが引けるようになる、これが大事ではないでしょうか。そのためには「協力できるのはここからここまで。あとはやりません」ということをしっかり言えるようになることが大切です。たとえば「夏祭りは協力できたけど、防災訓練は参加するつもりはありません」というので大いにけっこうなのです。

このようにしないと逆に敷居が高くなります。

だから新しい自治会の合言葉は「『今回は遠慮させてもらいます』『当分は忙しいです』を気軽に言える自治会に」ということにしようと思いました。それを文化として育てていきたいと思ったのです。そのように皆さんに知らせる広報紙にも書いて全戸に配布しましたし、告げてまわりました。

ボランティアだということを踏まえると、町内会の仕事をやる人もそういう構えになります。参加してない人たちを見て、「俺だけこんなに一生懸命やっているのに、あいつらはなんだ！」とか、そういう被害妄想がなくなります。

好きでやっているんだから、好きでやっていない人たちのことを恨みがましく言うことはなくなるはずです。「地域のための義務だ」と肩肘《かたひじ》をはるから、町内会の仕事に参加しない人を「フリーライダー（ただ乗り）」のように見てしまうのです。

もともと農村が多数だった時代の町内会にはそうした考えにも一定の妥当性があったかもしれません。なぜなら、川掃除とかみんなでちゃんとやらないと水田経営などできないからです。

しかし、現代になって、特に都市部の、しかも私のいる賃貸住宅のような自治会では発想を変える必要があります。有志のボランティアで、やりたい人がやれる範囲のことをする――こうしたことが必要になってきます。

手当なし

完全なボランティアで、自治会費もない。そうなると、当然役員や係に支払っていた手当も要らなくなります。というか払えなくなります。すべてゼロ円になりました。

まあ、私たちの団地自治会の場合、会長は年間1万円、班長は2000円だったので、ほとんど問題にもなりませんでしたが。会長になりたてのころ、班長の手当があまりにも少ないといって怒鳴り込んできた人がいてびっくりした記憶があります。

先述のように、たとえば福岡市を例にとってみると、町内会長の手当は年10万円以上の層が一番多いとされています。私のもらっていた1万円と比べると、10倍以上の開きがありますが、会長になると出かけることや連絡をとることが多く、けっきょく足が出ているという苦情もよく聞きます。

仮に不足しなかったとしても、現在の町内会長の事務量を考えると、これくらい受け取るのは妥当だという気がします。校区の仕事をふくめ、仕事量が多すぎる町内会では、これくらいのインセンティブをつけないと引き受け手がいないからです。

私は、町内会費の集金や新入居者への町内会加入の案内、校区の会議への出席があまりにも多くなるので、「専従の職員」を置きたいと考えたことがあります。このような町内会の雑事をしてくれる人を、数町内会共同で委託して、その人に一定の報酬を支払ったらどうだろうかと考えました。さすがに毎月数万円は支払えないので、年間で十数万円払うのはどうだろうかと思い、休会前の自治会で一度提案したことがあります。そのときは「とんでもない」という反対意見がアンケートに出てきたので、やめることにしましたが。

しかし、よく考えてみればそれが他の町内会では町内会長の仕事だったわけです。年間10万円くらいあげるから、これだけの仕事をしてね、というわけです。

総会や会計はどうするのか

このような新組織をつくっても、では規約はどうするのか、組織はどうするのか、総会などはやるのか、会計業務はどうするのか、という問題が生じてきます。

そして、このような実務は意外と手間や時間がとられてしまうことは確かです。

たとえば、総会をやることにするとします。

そうなると、全住民に案内をして、委任状を集める作業が必要な気がしてきます。しかし、これは少ない人数でやると膨大な時間がかかります。そのために時間も手間も割くことができるでしょうか。

新自治会では次のように考えることにしました。

まず、実際の自治会の担い手ですが、これは旧自治会の役員や班長たちを中心に集め、十数人が賛同してくれました。この人たちを「世話人」と呼んでいます。私は世話人の「代表」ということになりました。副会長だった大岡さんも「副代表」のような肩書はつけず、ただの「世話人」になってもらいました。実質は大岡さんとよく相談しながらすすめているわけですが。

そして、基本的にこの世話人の会議でなんでも決めるような簡単な規約にしました。新しく世話人になりたい人も、世話人の会議で承認します。世話人が何人必要かもすべて世話人会議で決めます。

会計はどうなっているでしょうか。

正直にいえば、どんぶり勘定に近いものです。たとえば夏祭りなどは、いちおう予算めいたものを組んでいますが、粗い計算を会議室のボードでみんなでやってみる程度です。「うーん、この原価だと赤字になっちゃうね〜」などと言いながら。そして祭りが終わったら、レシートを集めてみんなで赤字か黒字かを見ているだけです。それをそのまま団地の掲示板に張って知らせています。会計の本来の業務からすればかなりずさんでしょう。

ただ、私は、どうせ自分たちが集めた寄付ですから、その範囲でいいのだと思っています。「いい加減すぎる！」と思われれば寄付は集まらないでしょうし、その程度でよいと思われたら寄付は集まるでしょう。それだけのことです。

団地の総意を代表して、ＵＲや行政にモノを言うことなどはどうでしょうか。

ときどきアンケートをしたり、ビラなどを全戸に配って意見を募集していますが、一番大事な総会をやったことはありません。旧自治会が休会するときに、暫定組織である新自治会に団地住民の代表的性格を継承させるという決議をしているので、一定の正統性はあると思っています。ただ、それはやはり定期的に更新され確認されるのがベストだろうと思います。しかし、そこまで手間ひまをかけるつもりは私たちにはありません。

そこで、こういう会計や総会の問題をクリアするために、規約には特別の条項を入れました。

それを噛みくだいていえば、もっと徹底して民意をくみあげる手続きが必要だと考える人がいたら、その人が自発的に意見を集約したり、会計を監査したりできるようにしたのです。そして、その徹底した手続きを経たほうが、世話人会議の決定よりも上位になるようにしました。

たとえば、団地の建て替えが問題になり、世話人会議で建て替え賛成を決議したとしましょう。

しかしこれに不満なAさんが、住民全員の投票が必要だと訴えたとします。その場合、Aさんやそれに賛同する人たちが自発的に投票所をもうけ、住民投票を実施します。そしてそれが成功して「建て替え反対」が多数であったことがわかった場合、世話人会議の決定はくつがえされ、建て替え反対が新自治会としての総意となるのです。

会計についても、もっと徹底して日常的に管理し、監査したいと思う人たちが現れたら、その人たちに会計規則をつくってもらい、より厳格な管理をしてもらえばいいと思っています。

そのような〝民主的〟手続きを窮屈にしすぎて、面倒くさくなって、組織そのものを誰も引き受けなくなってしまうことを私は一番おそれています。

校区には参加しないが団地自治会の連合会に参加したわけ

校区からつるしあげにあってできた新組織ですから、当然校区には入りたくもありませんでした。正直、顔をあわすのも嫌でした。

したがって、休会通知や、「二度と連絡してほしくない」という通知も送付しました。

しかし、そんな私たちですが、公団住宅の自治会の協議会である「公団自治協」とはつながりをもつことにしました。

理由は簡単です。

団地の「大家」であるUR（都市再生機構）には要求したり改善を求めたりしたいことがたくさんあって、いっしょに運動をすすめていけることはメリットそのものだったからです。特に、「負担区分」の問題は切実でした。

URの賃貸団地に長く住んでいる人たちは、畳やふすまの交換を自分の費用でしなければなりません。これはアンケートをとると必ず「URの負担でやってほしい」という声があがるものです。このように、どこまでを住んでいる人の負担で修理するのか、どこまでを、「大家」であるURの負担で修理するのかは関心の強いテーマなのです。

たとえばUR団地の各戸にある、給湯のコントロールパネルですが、これがこわれたときの修理は最近URの負担になりました。これは公団自治協が「大家」であるURとの交渉を重ねるなかで実現したものです。

そのおかげで、我が家もUR負担で交換してもらうことができました。

そして、何よりも私が知り合った地方公団自治協の組織がとても居心地がよかったことです。決して方針を押しつけないし、動員を強制したりしません。なんだか当たり前のことなのですが、それをきちんと守ってくれていることが私にはとても心地よいものでした。
公団自治協の規約にはこのような一節があります。

「第4条 1．この会は各自治会、各地方自治協の活動を基本として、自主的に団結した民主的な組織である。 2．この会は各自治会、各地方自治協の主体性を尊重する。」

つまり私たちの団地自治会が知り合った地方公団自治協がたまたまそうだったというよりも、団体そのものがこうした組織文化をもっている可能性があると思われました。まあ、こればかりは他の地方公団自治協とつきあったことがないので、本当のところはわかりませんが。

義務がないので誰でも会長をやれるようになる

完全なボランティア、町内会費もゼロ、加入もなし。

こうなると、かなり身軽なものになります。

なぜなら、総会を成立させるために委任状を必死で集めるとか、役員の選出が心配で夜も寝られないとか、そういう苦労や心配がなくなるからです。

このように身軽なものになれば、はじめて現役世代・子育て世代も気軽に参加できるようになるのではないでしょうか。会長職であっても気軽に引き受けてもらえるようになります。なぜなら、ボランティア（自発的）なものですから、忙しくなったら、行事をしなければいいのです。

「俺が会長のときは夏祭りはパス」――これでいいのです。あるいは「私はやらないけど、他にやりたい人がいたらやって」でもいいのです。

何もしない期間が1年、2年続いても仕方がないでしょう。それではいやだなと思ったら、その人が会長をやるか、会長にならなくても何か音頭をとって始めればいいのです。

4　ミニマム町内会のすすめ――最高裁判決の示した方向

私たちが「暫定的」だと言って始めた新自治会ですが、実はこのようなボランティアを原則とした自治会のあり方は、冒頭で紹介した最高裁判決の「町内会は強制加入団体ではない」ということ、つまり任意のボランティア団体であるというイメージと近いものだとはいえないでしょうか。

このような町内会を、私は「最小限町内会」「ミニマム町内会」と仮に名付けたいと思っています。

実は「最小限町内会（自治会）」という提起は、『あなたの「町内会」総点検』（緑風出版）を書いた佐藤文明氏がすでに同書でおこなっています。佐藤氏の提起は、行政の下請け化を避けるという問題意識は共通していますが、既存の町内会が個人のプライバシーや権利にふみこんでくるのを避けようとすることをもう一つの問題意識としており、そのための規約上の定めや民主的手続きをより詳細に定めています。また、私からみると、依然として仕事量が多いような印象を受けます。このレベルであっても町内会を維持するのはなかなか大変ではないかと思いました。

私が提起する「ミニマム町内会」はこの提起を踏まえつつ、さらに簡単にしてしまったものだということができます。

こうしてみると、強制加入ではないという最高裁判決がうちだした原則は、私たちの打ちたてた新自治会、「ミニマム町内会」において、いっそうくっきりとそのイメージするところを表しているのではないでしょうか。

【コラム】負(マイナス)の社会関係資本

社会関係資本は、わかりやすくいえば「絆」や「つながり」です。

こういうものはとてもいいことのように思われてきましたし、東日本大震災のあと、非常に強調されるようになりました。

しかし、この章でみてきたように、町内会の活動ひとつとってみても、「絆」や「つながり」は拘束となったり、あるいは監視や抑圧を生むようなものになる危険もあります。

社会学者のパットナムは『孤独なボウリング』(柏書房)という本の中で「社会関係資本の暗黒面」という章をたてて、アメリカ社会で社会関係資本(それを基盤とするコミュニティー)が人種差別のような「不寛容」を広げているかどうかを考えています。

日本大学の稲葉陽二教授は『ソーシャル・キャピタル入門』（中公新書）のなかで「社会関係資本のダークサイド」という章をもうけ、しがらみやつながりの中で腐敗や汚職事件がおき、また、やはりしがらみやつながりの中で世襲議員が生まれ固定化することなどをとりあげて、こう書いています。

「要するに、社会関係資本は良いことばかりでなく、不祥事の温床になるケースもあるだろう。不平等さえ助長しかねない。………（中略）………………………社会関係資本は両刃の剣だ。犯罪は社会関係資本で抑制することもできるが、社会関係資本が犯罪を助長することもある。筆者を含めた社会関係資本の研究者の多くは、その協調的な側面に魅かれているのだが、そのダークサイドにも注意しなければならない。むしろ、そうすることによって、社会関係資本の有用性を高めることができる」

たとえば、やくざ組織のようなものはわかりやすいのですが、町内会のように必要性とダークサイドが入り混じっているものはどうしたらいいのか、迷ってしまいます。
ドキュメンタリー映像作家の坂上香さんは、東日本大震災以前から、暴力的なつながりのなかで薬物や自傷・犯罪に走ってしまった、「きずな／つながり」に苦しむ人々と出会い、それを映像にしてきました。坂上さんは「絆」はもともと動物をつないでおく綱を指していたとして、「強制的に人をしばりつけるという否定的な意味あいが強かったはずです」といいます。

「きずな／つながりは実にやっかいです。それ自体がすばらしいわけでも悪いわけでもないのです。生きていくうえで必要なことは言わずもがなですが、それを復活させるという発想ではなく、どんなつながりが必要なのか、そして、それはいかにして可能なのかを考え直す必要があるのだと思います」

坂上さんはその結論として「ゆるさ」を強調します。つながりと呼ぶにはゆるすぎるほどのゆるさ。

町内会が強制加入ではなく任意加入であり、その活動においてもいつでも離脱できる、しがらみやつながりからいつでも離れることができる……そのような町内会のあり方をとることで、はじめて町内会はそのダークサイドを克服できるのではないかと思っています。そのことは次章でみていくことにしましょう。

第4章

町内会は今後どうしたらいい？

1　基本はボランティア

この章からは、町内会がそもそもどうあるべきか、ということについて考えていきたいと思います。

なぜそんなことを考えるかというと、東日本大震災以後、「絆」やコミュニティーが強調され、それにかかわって町内会の活動が注目されるようになってきたからです。

こう書くと良いことのように聞こえます。もちろんそういう面もあるのですが、私が心配しているのはむしろ逆です。

町内会の役割が過剰に期待されすぎていないだろうかという心配です。町内会活動の成功例が紹介され、なんだかものすごいことがいっぱいできるかのようです。たしかにそういった町内会もあるんですが、そうでない町内会もあります。たとえば広島市では、2008年の町内会加入率は66・9%でしたが、東日本大震災以後の2012年も加入率は64・0%と漸減傾向のままです。加入世帯数も4000世帯ほど減っています。

入っている人手自体が減っているのに、昔以上の役割を担うのはなかなか厳しいものです。

まず、町内会のもともとの定義に立ち戻ってみたとき、防犯や防災といわれるような地域の課題を住民自らが担うのが町内会だとされていますが、それは行政が担うべき領域とどんなふうに区別されるのでしょうか。

ここまでが町内会、ここからが行政、そういう区分があるのでしょうか。あるとしたら、それをどんな基準で考えたらいいのでしょうか。

冒頭に紹介した最高裁判決の「町内会は強制加入ではない」という原則から生み出される町内会像とは一言で言えば、「町内会の基本はボランティア」ということです。

必要なことは税金でやる、町内会はプラスアルファ

「有志のボランティアで、やりたい人が、やれる範囲のことをする」というのが町内会ではないでしょうか。

このように問題をたてれば、すぐさま次のような反論にぶちあたります。

「じゃあ、その地域にとってどうしても必要な仕事があったらどうするのか？」

簡単です。税金でやるべきなのです。もしくは、私の団地で言えばＵＲ（管理者・所有者）が家賃や共益費から支出してやるべきなのです。

私は、「私的なことは所有者が管理。公のことは税金で。それ以外のことはボランティアで」という原則が大事だと思います。

たとえば掃除を考えてみます。日本中の土地は所有者があるのですから、その掃除はその所有者がおこなうというのが基本となります。家の周囲は家の持ち主が掃除をするのが原則です。

でもなかなかそうはいかない部分があります。

たとえば道路、公園、河原。

所有者である行政側は一定の期間ごと、あるいは、問題が指摘されるたびに掃除をしたりするんでしょうけど、それでは足りないかもしれません。そうなると、いつも汚れて町が暗い雰囲気になってしまうおそれがあります。

そこで、行政の清掃を待たずに、「地域のみんなで」掃除するということになります。どうしても、そして誰から見ても道路掃除が必要な状態なら、税金でやるべきです。税金であれば一応みんな公平に支出しているわけですから。

税金の清掃では満足できない場合は、市役所にかけあって支出をふやすよう署名運動でもすればいいのです。そして制度が変わるまで待てないというのであれば、ボランティアを募って清掃するしかないだろうと思います。

私のいる団地は、清掃費は共益費から出ています。共益費は、全員が公平に払っているお金ですから、その意味では筋が通っています。これが「町内会の仕事」だったら大変です。

公営住宅などはそうですが、お金を払っている人、払っていない人、掃除に出てくる人、出てこない人…こういう問題がたえずおきてきます。

お金というのは、労働の果実です。お金を払ってすませるというのは、労働したのと同じことだといえます。食事をつくるかわりにお金を払って惣菜を買うのは、違う形で労働を支出しているということです。だから税金や共益費ですませるという解決は合理的なものだろうと思います。みんなが掃除をしないかわりに、みんなから公平に掃除代をとる、ここでいうと共益費の一部ですけど、それは理にかなっていると思います。

税金でまかなわれるべき公の部分は、住民サービスとして必要最小限のものだということができます。だからこそ税金という全員が負担すべき拠出でまかなわれるのです。この問題を考えるさいには、この部分は、団地やマンションなどの共益費も入るでしょう。契約を通じて住民全員が拠出しているからです。

強制的に拠出することを義務づけられる部分であり、それはその地域全体の住民の、保障されるべき権利とセットになっているのです。

それに対して、「地域のみんなで」という部分は、どういう性格をもつのでしょうか。

結論からいえば、この部分は、「やってもやらなくてもいいもの」、つまり住民にとって必要最小限のものとして保障されるのでは﹅な﹅い﹅もの、ということです。

そのサービスの効果を得たい人が自発的に集まってやることが基本です。さっきの例でいえば、ひんぱんに掃除をすることで「明るく住みやすい地域にしたい」という人が有志で集まって、掃除をすればいいのです。

「町内会に補助金を渡してやらせる」という形

ところが、行政としての責任をもった仕事がありながらも、町内会などに補助金を渡することでそのサービスを委託することがあります。たとえば、行政が出す広報紙の配布などが一例です。これはどう考えればいいのでしょうか。

結論からいえば、それは税金を使う行政サービスそのものです。

そもそもいくら町内会がその担い手だといっても、補助金をうけて行政のサービスを委託される時点で、もはや「有志のボランティア」ではありません。事業目的とルールが明確に存在し、それを必ず守り達成する責任が、委託を受けた他の企業やＮＰＯと同様に生じます。行政の責任の中に組み込まれ、町内会の自発的性格を失っているとみるべきです。

「自助・共助・公助」のおかしさ

町内会と行政の関わりを論じるさいに、ひんぱんに論じられるのは「自助・共助・公助」です。学者や研究者などもこの言い方をさかんに用いますし、行政の文章にもよく登場します。主に社会保障や防災にかかわって使われます。

自助というのは、自分で自分を助けることです。共助というのは、お互いに助け合うことです。公助というのは、国や自治体といった行政などが助けることです。町内会を通じた地域での助け合いは「共助」ということになります。

たとえば、2014年の現時点で政権党である自由民主党が、2012年にうちだした社会保障改革についての考え方には、「『自助』、『自立』を第一とし、『共助』さらには『公助』の順に政策を組み合わせ、負担の増大を極力抑制する中で、真に必要とされる社会保障の提供を目指す」と書いています。

つまり、まず自分のことは自分でやる、それで足りない部分はみんなの助け合いでやる、さらにそれで足りない部分になってはじめて公の保障に頼る、というような発想です。

ここでは「自分のことは自分で」という立場が基本とされています。

私たちの生活実感からいえばそれほど間違ったことはいっていないように思えます。実際に私たちの生活はそのような順番で成り立っていると感じられることが多いからです。まず働いて給料を稼ぎます。それで足りない分は、共済や保険でまかない、最後にそれでもダメな場合は生活保護を受ける…というような感覚です。

しかし、現実におきていることは、公助を切り捨てて予算を削る口実に使われているように私には思われます。いま紹介した自民党の文書に「負担の増大を極力抑制する」という一文が入っていることは何よりも「抑制」を優先したいという意志に見えないでしょうか。

この文書は、後に法律のもとになったのではないかと思います。その新しい法律にもとづいて、介護に至らない「要支援」の人のサービスの一部を介護保険から外し、外したサービスを町内会やＮＰＯ・企業などにやってもらおうということになりました。「家事代行くらいなら専門のヘルパーはつけなくていいだろ」というわけですが、専門のヘルパーはその人の生活ぶりや顔色から体調などの急速な変化を看てとれます。町内会に委ねた場合、このような視点は望めるでしょうか。もちろん、へたなヘルパーよりもその辺のことはよくわかる、という〝顔なじみ〟もいるでしょう。しかし、そんなことは全く期待できない町内会もあるはずです。

「専門的な視点が失われる。大丈夫か」と、介護関係者が心配するのも無理ありません。「公助」をやめ「共助」にするとは、たとえばこのようなことではないでしょうか。

私が「自助・共助・公助」という言葉が出てきたときに、うさんくさいなあと思ってしまうのは、このように、行政が自分の責任をこっそり投げ捨てたり、予算を切り詰めたりするときのごまかしに使われてきたのではと思うからなのです。

こうした方向は財界も共通しています。日本経団連が2012年に出した「社会保障制度改革のあり方に関する提言」では、やはり自助を基本としつつ、それでまかないきれないリスクは共助や公助でやれという考えを示して「『軽度者』に対する訪問介護の生活援助を保険から外す」ことを具体的に提言しています。ここまで熱心に財界がアピールしているのは、社会保障が減れば、企業の税負担が軽くなるからでしょう。

もちろん、「できるだけ政府は小さいほうがよい」とか「財政難だから行政に頼らずに自分たちで解決できるものはそうしたほうがいい」という意見があっても一向にかまいません。しかし、私たちはそこで負担の綱引きがおこなわれていることを、まず知ったうえでこの問題を考えるべきではないでしょうか。

「共助」にあたるコミュニティーや町内会の役割を持ち上げる論調というのは、無邪気なものだけではありません。政財界や行政の責任者の思惑が渦巻いている中で、人々の生活する現場では押しつけの悲劇となっている、なりうることを、私たちは知っておく必要があると思います。

2　校区（連合体）から考えるな

行政はこうした過剰な期待を町内会にかけようとする傾向があります。

そのときに、個別町内会にいちいち連絡をとるのではなく、校区や連合体というまとめ役（中間団体）をつくって、その幹部を手のひらにのせることで、全体をコントロールしようとするきらいがあります。

行政効率からすれば、たしかにその方がいいのかもしれません。また、行政が矢面には立たず、校区幹部が個別町内会に相対することになるので、「責任」も軽くなります。

しかし、これまでみてきたように、町内会の実情・力量もバラバラで、成り立ちやしくみも一様ではありません。なぜなら、町内会は制度や規格で統一してつくられた団体ではないからです。誰でも入っていいよ、規約がないからダメってことはないよ、どんな予算の使い方や集め方をしてもいいんだよ、というのが町内会であり、そうした任意や自発性が本来何より尊重されるべき団体なのです。

そうであれば、こうした団体に、一律のお願いや委託をするということは、かなり無理があることだといわねばなりません。できない町内会、いい加減にならざるをえない町内会が出て当然ではないでしょうか。

校区は積み上げ方式で

したがって、校区のような町内会の連合体組織の場合、行政からの依頼はもちろんのことですが、校区で話し合って決定した行事や仕事についても、個別町内会にはそれを拒否したり保留したりする自由がきちんと保障されなければなりません。幾重にもそのための制度保障をもうけておくのがいいでしょう。

たとえば、市が行政広報紙を配布する仕事を校区に委託します。

校区はそれを町内会や町内会長におろすわけですが、「私のところは力がなくて配布できません」という自由を残しておくということです。そうなったときに、穴ができるわけですが、その行政広報紙が必要不可欠のものならば、その場合は市が民間業者を使ったりする保障をもうけておく必要があります。

行政が町内会とつきあう場合、校区はあくまで窓口であって、校区をあたかも自治単位のように扱うと、個々の町内会の自主性は必然的に殺されてしまいます。

町内会、できれば班から考えよう

もちろん、町内会やコミュニティーの役割を強調するような動きは、「この機会に行政の責任放棄の分を押しつけてやろう」という邪悪な動きだけなのかといえば、まったくそんなことはありません。積極的な意義もあります。

早稲田大学政治経済学術院の齋藤純一教授は、東日本大震災以前からコミュニティーへの関心が高まっていることにふれて、その理由の一つに次のようなことをあげています。少し難しい文章ですが引用します。

「国家による生活保障が後退するなかで、他に頼らずに生活保障を構築しなければならないという圧力に曝《さら》されている諸個人が、その負荷を耐えがたいものとして経験している、ということである。そもそも独力では対応しきれないものとして実感しはじめて『自己責任』を求められる諸個人が、その負担を担いきれないものとして実感しはじめているのである」

「コミュニティという相互の配慮（mutual consideration）が期待できる関係への関心を高めているように思われる」

つまり、国が社会保障などを縮小させる中で、「自分でなんとか生き抜け」というプレッシャーが強くなり、もう限界だという悲鳴があがっている、そういう中でお互いに助け支え合うコミュニティー（町内会に限りませんが）というものに注目が集まっていますよ、ということです。

「相互の配慮」——まあちょっとした気配りのようなものですが、この一番自然な気持ちをあらわすのは、隣人、つまり隣近所です。町内会の組織でいえば「班」とか「組」にあたる部分で、せいぜい10世帯程度のものです。日常的に顔をあわせて会話をし、ときには家に行き来するような仲であってこそ、失業しているとか、生活に困っているとか、病気がちだということに対して「おや、どうしました」という気持ちが持てるのではないでしょうか。それが広がっても、せいぜい単位町内会（200～300世帯）くらいでしょう。

行政学者であった中川剛氏は、「日本人にとって、自治の生活単位は町内会規模が最も自然である。これは小さな祭りを維持できる、対面接触の可能な範囲である」として次のように述べています。

「具体的な人間関係によって形成された集団を通じてのみ、より大きな単位に結びついていくことが可能なのである。肌で感じられていること、『ふれあい』を通じてであることが、日本人の帰属意識には決定的な重要性をもっている」

3　地域の声を代表するには？

地域を代表する仕事こそ町内会の本領

町内会には地域課題を解決するという役目があります。

でも、これなら別に町内会でなくても、NPOなどでもできますよね。

私は、ボランティアでいま「無料塾」というのに参加しています。低所得などで塾に行けない子どもたちの学力問題を解決していこうと全国で始まった運動です。早い段階で勉強がわからなくなり、そのことが進学をさまたげ、貧困を再生産してしまうのを食い止めようというものです。知り合いが校区内で始めたのをきっかけに、私も小中学生を毎週1回教えています。

最近はソーシャル・ビジネスといって、社会問題の解決をビジネスの枠組みでやろうとする動きも目立っています。

地域課題の解決は別に町内会でなくてもできるものです。

こうした課題解決のために動いてくれる人を探そうとすれば、単位町内会の範囲にこだわる必要はありませんし、むしろ、そこにこだわっていると必要な人間を探せません。

私のいた団地自治会は300世帯ですが、このなかで無料塾の講師を探すのは至難です。2万人いるという校区、あるいは市全体、あるいは近くの市町村にまでアンテナをひろげて、ようやく仕事をしてもらえそうな人を探せます。

実際、私が参加している「無料塾」で教えているのは、私以外、市外から来ている人なのです。もし、これを単位町内会の範囲や校区だけに限ってしまったら、その人は協力ができなかったでしょう。

えっ？　それなら前節で「校区ではなく単位町内会を基本にしろ」といったことはどうなるんだって？

本当に課題解決の仕事をしようと思えば、町内にこだわらず、広く人材を募らなければいけないことはまったくそのとおりです。

これに対して、ある課題を解決するために、その地域を代表して行政や企業などに対してモノを言うことは、まずは町内会にしかできない仕事です。

たとえば、近くに道路計画ができる、そのとき、地域住民の声を代表して発信するのが町内会の非常に重要な役割となります。本領とさえいえると私は思います。なぜなら、これはＮＰＯなどにはできないことだからです。

なぜ町内会は地域の代表となれるのか

町内会はなぜＮＰＯや社会的企業などと違ってその地域を代表できるのでしょうか。それは全員加入の原則をとっているからではないか、という意見があります。町内会の役割を強調している人たちにとって、町内会の全員加入制原則は一番大事なものだと扱われてきました。

第１章で、町内会の５つの特性（①地域区画性、②世帯単位制、③全世帯加入制、④機能包括性、⑤地域代表性）というコミュニティー研究者の中田実氏の議論を紹介しました（58ページ参照）。中田氏はそのうち、「個人の自由との関係でもっとも批判をうけ、また同時に町内会の性格を一番よく示しているのが③の全世帯加入制と、それに基礎をおく⑤の地域代表性である」「町内会をめぐってなされてきた最大の論点」と書いています。

中田氏は、子ども会や消防団、商店街組織など他の地縁団体や、地域で活動するＮＰＯが、どんなに大きくなっても、地域を代表する性格をもちえないのはなぜかとして、「この違いの核心をなすのが、全世帯加入制であった」と述べています。

全員が入っているからこそ、その地域を代表できるというわけです。

しかし、ここで問題が生じます。

全員加入制という原則は、「強制加入はよくない」とする最高裁判決とは矛盾するのではないでしょうか?

加入を「義務」としてうたう自治体もある

明らかに矛盾します。

中田氏は、この現象を「ねじれ」と呼んでいます。

そこで、全国の市町村の中には、条例をつくって、町内会への加入を「義務」・「責務」だと定めているところも現れました。

たとえば長野県小諸市には「自治基本条例」というのが制定されています。その中で、

「第9条　本市に住む人は、前条第1項の目的を達成するため、区へ加入しなければなりません」

という条文があります。ここでいう「区」とは町内会のことです。「前条第1項」は「区は、対象地域における共通課題を解決し、福祉の向上を図ります」という町内会活動の目的を書いた部分です。

私は、この条例づくりにたずさわった市民委員の方に、話を聞いてみました。最高裁で加入を義務づけちゃいけないという判決が出ているのに、こういう条文はマズくないですか？　ということを。

そうするとその市民委員のかたは、

「実は、その種の意見が出ていて、議論になりました。この条例をつくったさいに、小諸市は『逐条解説』というパンフレットをまとめたんですね。条例の第5条には『市民は、まちづくりに参加する権利を有します』という一文があるんですが、その解説をしているところに『権利として規定することにより、参加しない権利も持ち合わせ、参加しないという選択によって不利益を受けるものではないことも表しています』と明記されたんです。だからまあ、いわゆる強制ではないということなんです」

とおっしゃいました。

北九州市でも、２０１４年6月に「北九州市安心・安全条例」が制定され、その第4条に「市民の責務」を定めて、

「市民は、安全・安心の確保について自ら知識を深め、主体的に行動するとともに、地域社会の一員として住民のきずなを深めるため、自治会その他の地域団体へ加入するなどして、安全・安心に関する活動への積極的な参加に努めるものとする」

としました。

町内会への加入を「市民の責務」とうたったわけですから、これは自由意思にもとづく加入の原則にそむくのではないか、加入が進まないからといって加入を「責務」とするのは安易ではないか、と市議会でも質問されました。市側は、

「校区で結成されたパトロール隊の活動で大幅に犯罪が減少した。多くの市民が地

域の活動に参加することが互いに支えあう地域社会をつくり、ひいては自分そして家族を守ることにもつながる。そこで市民の責務の条項には、本市の実情に合わせて自治会その他の地域団体へ加入するなどして、安全・安心に対する活動への積極的な参加に努める、として自主的な参加を求めた」

と答弁しました（2014年6月11日北九州市議会での北橋健治市長の答弁）。

こうしてみると、小諸市も北九州市も、義務や責務をうたっているとはいえ、参加しない権利とセットであったり、あくまで「自主的な参加」であるものとされています。

これは、強制するところまではいかないけれども、〝本来はみんな入るべきなんだよ〟ということを宣言しつつ、任意であることをかろうじて確保したものだといえます。

全員加入の建前と任意加入の実態の「ねじれ」への一つの対応だとはいえますが、相当気をつけないと、現場では乱暴な加入攻勢がされるんじゃないかと心配にもなります。

法制度にしてしまうという「解決」

これが高じてくると、さらに次のようなところにすすみます。

〝町内会を市町村の末端機関として正式に認めるべきだ〟という主張です。こうすれば、町内会の決定は強制力をもった決定となり、税金や公共料金に近い性格のお金として町内会費を集めることができる（ひょっとしたら税金で集めて町内会に交付するような方式も考えられます）、そして全員（全世帯）が入ることで、町内会はその地域の代表であることも明確になります。

私の住んでいる団地の近くの町内会長で、私もよくそのかたの経営するレストランに家族で出かけ、親切にしてもらっていたかたがいるんです。

私が校区の会議で「町内会は行政の下請けじゃありません」という発言をしたら、ただちに手をあげて「町内会は行政の末端です」と憤然と発言されたことがあります。これにはびっくりしました。

それは行政の下僕になりたいというマゾ的な嗜好の吐露ではありません。「自治会・町内会とは任意の団体ではなく、全員が参加する義務を有する公民的組織なのだ！」という〝誇り〟を意味していたのだと思います。

彼の考えでは、単にかけ声や私的な契約として「全世帯が入らないとだめだ」というのではなく、法令などで全世帯の加入を義務づけるということになります。そしてそれは行政の制度に組み込まれることを意味します。ミニ自治体のようなものです。市町村版の「班・組」だと考えてもらってもいいでしょう。

しかも、彼らがイメージしている町内会の活動は、単なる親睦のようなことではありません。「地域でやらなきゃいけない仕事」「解決しなければいけない課題」にとりくむ組織だということです。その仕事にとりくむのは、共同体の構成メンバーの義務なのです。

たとえば防犯という問題。犯罪から町を守るというのは、「地域でやらなきゃいけない仕事」だというわけです。だから防犯灯をつくり、そのためにみんながお金を出すし、防犯パトロールに誰もが参加しなきゃいけないということです。

古代のギリシア・ローマ……にまでさかのぼらなくていいですが、昔の共同体の構成員には、税金を納めて共同体を支えるとともに、共同体のために働くことを義務としていました。道路や河川の工事をしたり、究極の働き方は兵役でしょう。そうしたお金と労働を出す義務を果たして、はじめて政治参加の権利が得られていました。これが「公民」とか「市民」とよばれる、共同体の正式メンバーのあり方だったわけです。

現代の日本では兵役もなくなりましたから、労役をそのまま共同体に捧げるということは、ほとんどありません。税金を納めて、その税金で役所が必要なサービスを買っていることがほとんどです。

日本国憲法にも、納税と労働の義務がありますが、現実には「自分が食うために働いて、そこから税金が天引きされてる」という印象ですから、国を支えるためにやっているという意識は薄いでしょう。

いずれにせよ、このような「公民」としての義務を果たすというイメージとセットで、町内会を行政の末端に位置づけたいという宿願をもっている人たちがいるのです。

過半数を組織していればとりあえずいいのでは

ここでくり返しますが、私は、「全員（全世帯）加入」という原則にこだわるのは、おかしいのではないかと思っています。

町内会とよく似た問題で、いまPTAの全員加入原則が問題になっています。憲法学者の木村草太さん（首都大学東京准教授）は、

「団体に加入するっていうことは、ひとつの契約なんですね。契約が成立するには『両当事者が合意した場合』です。逆にいうと、両当事者が合意していなければ、契約は成立しないわけです」

「強制加入団体というのは、法律で『なにかをする条件として、なにかの団体への加入が義務づけられているもの』なんです。たとえば、『弁護士として営業するためには、かならず弁護士会に入らなければならない』とか、『ある団地の区分所有者になるのであれば、かならずその団地の管理組合に入らなければならない』とか、そういうものですね。PTAの場合、『子どもが学校に入るなら、かならずこのPTAに入らなければならない』というような法律はないので、強制加入団体ではありません」（大塚玲子『PTAをけっこうラクにたのしくする本』）

と明快に述べています。

これは町内会にも、ある程度いえることではないでしょうか。

町内会がその地域を代表する性格をもっている、と胸を張るためにというのなら、少なくともその地域の住民の過半数を組織していれば、十分そのようにいえるはずです。逆に、全員なにがなんでもそこの住民は入ってね、というふうにしてしまうから、無理が生じるのだろうと思います。

たとえば、その地域にでっかい道路が通ることになったとします。

この道路計画に賛成か、反対か。

過半数をかろうじて維持している町内会があったとします。そこが賛成の表明をすれば、その地域を代表して賛成の声があがったとみることはできるでしょう。

ただ、「そんなのは、あの町内会のボスが勝手に決めたことだ」という批判もありえます。総会も開かずに、町内会のボスが勝手に表明してしまうのは、よくあることです。あるいは総会を開いても、やっとのことで「賛成多数」を得るということだってあるでしょう。そうなると、半分の住民の中の、さらに半分、つまり4分の1ほどしか賛成を表明していないわけで、本当にこれがその地域の住民の意思なのかはわからなくなるかもしれません。

そんなときは、署名を集めればいいのです。

「道路に反対する会」というものが立ち上がって、地域内で住民の過半数の署名を集めたとしましょう。そうなると、道路計画の問題で、その町内会が地域を代表しているということは、当然ゆらぐことになります。

それでいいのではないでしょうか。

一応は、町内会に地域の総意を代弁するのをゆだねます。しかし、どうしてもそれを乗り越えたいときには、乗り越えたい人が汗をかいて乗り越えればいいのです。

町内会には、地方の条例をのぞけば、現在法制度上の位置づけはほとんどありません。つきつめていけば、「道路に反対する会」とかわるところはないのです。他方で、「請願」は憲法と請願法で定められた行為で、こういうしくみを使えば、いざというときには町内会を越えて、より民主的な総意を発揮できるようになっています。

だから、難しく考える必要はないのではないでしょうか。

住民の過半数をメドに組織された町内会があれば、それがその地域で一応は住民を代表する組織とみなせます。いざというとき、つまり町内会がもはや住民の声を反映していないし、できそうもないな、と思えば、そのときは乗り越えてしまえばいいのです。

私が提案する「ミニマム町内会」は、もっとズボラです。

私のいた団地自治会は、出発点では、住民の過半数が集まってつくられ、少なくとも直近まで過半数の住民が入っていました。それが休会するときに、「暫定的につくられる組織に団地を代表する権限をゆだねます」と決議しました。

だから毎年総会はしていませんが、過半数の人たちにゆだねられたという事実をもって、団地を代表しているつもりでいます。もし、もっと民主的にやってほしいという人がいれば、その人が署名を集めるなり、休会した自治会を再会するなりして、どんどん乗り越えていってほしいと思っています。

行政側は、本当に総意をさぐりたいと思えば、たとえば道路計画についての住民投票をすべきです。また、その道路計画について反対を求める請願を、市民の代表である市議会の場で採択すれば、「道路計画反対が市民の意思だ」と表明することにもなるでしょう。

町内会という存在は、制度の建前からいえば、こうした住民投票や請願採択ほどには、住民の意思をきちんと反映できているわけではありません。

だけど、それくらいでいいのではないでしょうか。

4　くずれかけた町内会でお悩みのあなたに

「昔は盛んだったけど、いまは衰退していて、参加者や加入者も減り、運営するだけで大変」――こんな町内会は全国各地にあるんじゃないでしょうか。

この章でみてきたのは、本来町内会はどうあるべきなのかを考えたうえで、私が提唱する「ミニマム町内会」――会費・加入なし、義務なし、役員手当なしの完全ボランティア町内会でも最小限のことはできるんじゃないかということでした。

町内会の運営が大変だから、もうやめてしまおうと思っているなら、いっそこれくらい簡単な町内会に変えてみませんか。それでもしんどかったり、うまくいかなければ、そこではじめてすべてを投げ捨ててしまえばいいのですから。どうせ捨てるはずだったものです。

いま加入率１００％、みんな参加して回っている、そんな町内会であるなら、もちろん無理に変わる必要はありません。どうぞそのままやってください。

私がすすめているのは、もうつぶしてしまおうと思いつめざるをえないような町内会の皆さんにだけなのです。

世の中に、地域活動や町内会活動はこうやったら盛んになるとか、うまくいくという本はたくさん出ています。

別にそれはそれでオッケーです。大いに参考にして盛り上げていってほしいと思っています。

しかし中には、「そんなふうに盛り上げようにも時間もカネもヒトもない。どうしたらいいんだ」と展望を失い、役員が心身ともに疲れ切っている町内会もあります。その場合、思い切って「最小限の町内会」にしてみるのも、私は一つの方法ではないかと思って、この「ミニマム町内会」をおすすめするのです。

それは、町内会というものが、本当のところ必要される最小限のものを維持してくれるからなのです。
その「最小限のもの」とは一体なんでしょうか。
そのことは終章で書いていくことにしましょう。

【コラム】よその国の「町内会」

かつて占領軍は、町内会は国民を戦争に駆り立てる道具になったから、役員の選挙などをしっかりやる民主的改革を施せ、できなければ「廃止」しろ、と迫りました。政府が「町内会長とか班長（隣組長）まで選挙するのは無理ッスよ」とグズグズしているうちに、けっきょく法制度としては「廃止」されてしまったわけですが、当時、市川房枝氏などの婦人運動家も「廃止しちゃっていいのか、民主的な改革をした別組織をつくるべきじゃないのか」という趣旨の意見を当時の新聞などで述べています。
もしも町内会が占領軍や市川房枝氏のいうような改革をされていたなら、どんな姿になっていたでしょうか。

外国の「町内会」（住民組織）をみると、そのことが少し想像できるかもしれません。たとえばドイツのミュンヘンの「町内会」は、住民全員が動くのではなく、住民から選出される方式ですが、代表者は、なんと政党ごとに分かれています。タイのバンコクにある「町内会」も、やはり住民の代表を選びますが、定数が25のところに40の立候補があると、行政の規約にしたがって選挙をやるそうです

ミュンヘンの例では、「通りの段差をなくして」などという住民からの訴えを受け付けて審議し、市の担当者に相談したりします。いくつかの決定権限もあります。

私は、「ああ、これはミニ議会＋ミニ市役所ってところだなあ」と思いました。つまり、今の市町村をさらに細かくしたミニ自治体です。私の田舎は、戦後すぐの頃、現在の中学校区ほどの自治体（村）でした（私の祖父も保守系の村議をしていました）。もし日本で町内会が法制化されていたら、そんな感じだったのかなと思いました。

他方で、「それ、ＮＰＯじゃないの?」と思えるような「町内会」もみられます。たとえばフランス。グルノーブルの「町内会」は、個人が任意で加入します。「それは日本も同じだろ」と思うかもしれませんが、「全員加入」という建前がないので、「２

万人の地域に250人の会員」とか、ホントにサークルのような組織の実態です。

この「町内会」は、「広場のまわりに車の制限速度30キロのゾーンをつくるかどうか」を市議会議員といっしょに検討したり、どういう子どもの遊び場がいいかを調査したりしています。緑地の整備をしたり、地域のまつりを開いたりもします。そういうメニューをみると「あ、町内会っぽいな」と思います。

市はこの「町内会」のまつりに補助金を出したり、事務所と事務局員を与えています。そして、この「町内会」を通じて市民の意見を聞いたり、意見の調整をはかるようにしているんだなあという感じをもちました。

つまり、NPOのように地域のごく一部の人しか入っていないけども、地域全体の声を聞き、地域全体のために働いている、というわけです。アメリカのピッツバーグにもこのようなNPOっぽい「町内会」があります。このNPO型は、私のつくった「ミニマム町内会」に似てるな、と思いましたが如何でしょうか。

(なお、いずれも中田実編著『世界の住民組織』という2000年ごろの地域調査をもとにしていますが、事実関係や最新状況でのご指摘があれば、ぜひお願いします。)

終章

親睦だけでもなんとかなる

私がいる団地自治会が休会になってしまい、やむをえず最小限の機能しかもたない「ミニマム町内会」をつくった経緯について、いろいろ書いてきました。最後は「ミニマム町内会のすすめ」までやってしまいました。

そう書くと「でも、町内会をそんなに縮めてしまって、必要なことが滞りませんか?」という不安を聞きます。

でも、町内会にとって本当に「必要なもの」とは一体なんでしょうか。

防犯灯の管理は町内会がないと困るか

それがないとどうしても困る、というものは、私は行政にゆだねて、税金で運営されるべきだと思います。もしくは、私がいる団地のように団地所有・管理者(私の場合はUR)にゆだねてしまうのです。

「いやいや、たとえば防犯灯はどうするの」と言われそうです。

防犯灯は、行政からの補助金もありますが、町内会費を入れて設置や電気代を出しているところがほとんどです。

防犯灯は、夜道が本当に暗かった1950年代に設置が始まり、1961年に「防犯灯等整備対策要綱」というのが閣議決定され、補助がはじまっていきます。それで全国の自治体で補助金を出す流れになっていったのです。こんなふうに始まった防犯灯ですから、「町内会がつくるものを行政が補助する」というのが最初の流れで、そのまま現在まできている、というのが正直なところだと思います。「必要な社会インフラなんだから、税金でやればいいじゃん」というのがぼくの率直な感想です。

横浜市は「防犯灯のあり方についての検討会」をもうけ、報告書を出し（2010年）、現在LED照明にかえたところから市に移管を始めています。

この「検討会」の報告書では、市に移管した場合のデメリットが書かれていましたが「市の負担が極めて大きくなる」「自治会町内会の関心がなくなり、協働の観点が失われる」という理由が書いてありました。しかし、「市の負担が極めて大きくなる」というのは、市が本来負担すべきものなら当然のことですし、後者はとってつけた感が否めません。「あそこは暗いから怖い。照明をつけてほしい」という要望は、防犯灯の管理権がなくなったから消滅するというものではないはずです。

防犯灯というのは、人によっては町内会の必須業務で、町内会がなくなれば防犯灯もなくなり、この世は真っ暗（文字どおり）と思われています。しかし、実際には手放すことができるものではないでしょうか。

町内会がやれるのはプラスアルファの領域

結論から言えば、住民にとって必要不可欠のインフラは行政が税金でおこないます。町内会がやれることは、そこからのプラスアルファなのです。

最初に述べたように、町内会は強制加入ではなく、任意加入です。任意であるからこそ、そこでできることはボランティアの範囲を出ません。そのことを踏まえれば、町内会でやれることはボランティアであり、あくまで必要最小限に対する「プラスアルファ」でしかないのです。あった方がいいけど、なくても仕方がない、というものです。

防災や防犯というのは、いかにも「共助」の領域のように思われます。「ご近所の底力！」みたいな話になりがちです。先ほど北九州市の「安心・安全条例」をみましたが、ああした条例は全国の自治体でつくられ、そこでは町内会と住民は「責務」を果たすべき存在として組み込まれています。

くり返しになりますが、町内会があれば防犯や防災に役立つことはまったく否定しません。プラスになります。しかし、他方で、これらの問題では「公助」、行政が果たすべき役割が大きいと感じます。

たとえば、防犯です。

先ほど北九州市議会での答弁では、地域の防犯パトロールで犯罪が減ってきたとしています。しかし防犯パトロールはそれまでも行われていたし、何よりも犯罪全体は北九州市だけでなく、日本全国で減っており（警察庁によれば全国の刑法犯の認知件数は2002年に285万件になったのをピークに減少し、2013年には132万件と半減しています）、さらにいえば先進国全体に共通する現象です。イギリスの「エコノミスト」（2013年7月20日号）という経済誌は、「先進国で犯罪が急激に減少している」としてその理由について、

「最大の要因は、単純に警備対策が向上したことかもしれない。自動車のイモビラ

イザーは遊び半分の盗難を防いでいる。銀行強盗は、防弾スクリーン、警備員、印付き紙幣でほぼ姿を消した。警報機とDNAデータベースが強盗の逮捕率を高めている。…小規模な店舗でさえ、監視カメラやセキュリティタグに投資している。一部の犯罪は、今や極めてリスクの高いものとなっている」

ということをあげています。たしかにこれらは先進国共通の現象です。それが犯罪を半減させるまでに至ったのであれば、そうした防犯技術への投資こそ、効果的な施策だし、行政の果たすべき責任といえないでしょうか。

では、防災はどうでしょうか。「なくてはならない町内会の役割」という話題になれば、いつも真っ先に例にあげられるのがこの防災です。

図5―1は、2011年の東日本大震災で津波と原発事故に見舞われた福島県の原発周辺自治体での避難の実態についての調査（2012年、東北大学名誉教授・吉原直樹氏による）です。これを見ると、町内会の避難連絡は、ほとんど機能しなかったことがわかります。「町内会の誘導なし」「町内会、区会からの連絡なし」「部落会からの連絡

図5-1 被災者と地域コミュニティの対応

避難所	被災者	災害の際の地域コミュニティの対応
あづま総合体育館（福島市）	61歳男性	町内会の誘導なし、ただし、遠くから「逃げろ」と言う声あり。
	65歳男性	市の広報スピーカーのみが避難勧告。
	27歳女性	町内会には未入会。区の広報車が来たが、避難勧告なし。
	40歳女性	町内会、区会からの連絡なし。原発事故後、防災放送からたびたび連絡あり。
	75歳男性	部落会からの連絡なし。役場からの避難勧告あり。
	70歳女性	部落会からの連絡なし。広報スピーカーの呼びかけもなし。
新鶴体育館・構造改善センター（会津美里町）	55歳女性	消防スピーカーと区長による避難呼びかけあり。
	59歳女性	町内会、区会からの連絡なし。広報スピーカーの呼びかけもなし。ラジオから情報入手。
	54歳男性	町内会、区会からの連絡なし。広報スピーカーによる避難勧告あり。
	64歳男性	町内会、区会からの連絡なし。市からのサイレンのみ。
	37歳女性	（会社にいたのでわからない）
	46歳女性	有線放送で警告のみ。町内会、区会からの連絡なし。
	46歳男性	町内会の誘導なし。広報スピーカーによる避難勧告あり。
	67歳女性	広報スピーカーによる避難勧告あり。民生委員が安否確認のため来訪。
ビックパレットふくしま	52歳男性	広報スピーカーによる避難勧告あり。町内の人と情報交換。
	47歳女性	防災無線から地震の通知（その後、避難勧告）。町内会、区会からの連絡なし。
その他	63歳男性	広報スピーカーによる避難勧告があったらしいが、聞いていない。町内会の誘導なし。
	74歳男性	広報スピーカーによる避難勧告があったらしいが、聞いていない。町内会の誘導なし。

なし」という文字が並びます。

「だから町内会の防災訓練なんて役に立たないんだ」「無意味だ」と言いたいわけではありません（私自身、校区の防災訓練で、救急救命のやり方や消火器の使い方を教えていただき、本当に感謝しています）。私が言いたいのは、町内会というのはあくまでボランティアなのだから、この福島県のケースのように、いざというときに機能できないこともあるよね、ということです。

私のいる団地でも、いざというときに、助けが必要と思われる高齢者のところに駆けつける「担当」を決めていますが、もし平日の昼間、つまり私が団地から遠く離れた職場にいる時間に災害が起きれば、とても駆けつけられるものではありません。ゆえに、「訓練を積めば取りこぼしはしない」とは到底言えないと思うのですが、如何でしょうか。

実際、福島第一原発周辺の地域では、原発事故の避難訓練はこれまでに20回も行われていたのです。

このように、防災についても、町内会ができることはプラスアルファの領域であって、そうした町内会の努力が前提となってしまっているのは、行政（政治）の責任ではないかと私は思うのです。

原発についていえば、避難うんぬんの前に、そもそも立地そのものを規制すべきではないかという議論が成り立ちます。

また、地震についていえば、地震が起きて避難ができるかどうかという以前に、住宅などの耐震化がどこまですすんでいるかという問題があります。

厚生労働省の調査によれば、阪神大震災の直後に亡くなった方の原因の8割近くは、大地震建物の倒壊などによる窒息・圧死だとされています（図5―2）。だとすれば、大地震にそなえて耐震工事がなされれば、たくさんの命が救えるはずです。耐震工事を実際にどこまですすませられるのかが、行政の果たすべき責任だと言えないでしょうか。

しかし、耐震工事への補助はなかなか引き上げられず、耐震化がすすまない木造の古い住宅については事実上手付かずで、とりこわされるのを待って耐震化率が「自然に」上がっていくのを待っているのが現状ではないでしょうか。

図5-2　阪神・淡路大震災の死亡原因

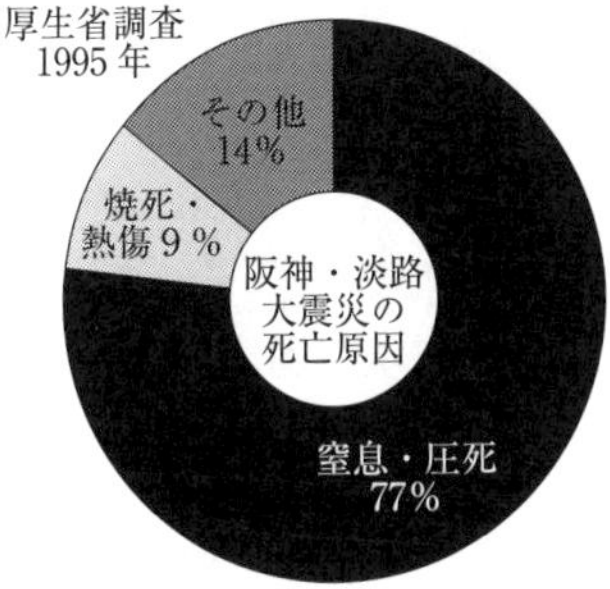

ここでは、防災・防犯を例にあげましたが、前章でとりあげた介護のような社会保障の問題も同じです。いや、国民が「健康で文化的な最低限度の生活」という憲法25条で保障された生活を送るためには、本来、まず行政の責任と役割があり、それが25条の条件を満たしていることを確認したうえで、プラスアルファとして町内会や個人の活動があるのではないでしょうか。

防災や防犯について、「自分の身は自分で守る」ということを条例で市民の「責務」

としてうたっている場合がありますが、「責務」などと書かなくても、「たまには犯罪にあおう」とか「災害で率先して死にたい」と思う人はまずいません。条例などにこう定めることで、災害や犯罪で身を守るのは自己責任だと強調され、むしろ公的な責任がこっそりと後ろに下がっているように思えるのは私だけでしょうか。

このことは、まったく別の面から言うことができます。

社会制度が発達したことや、科学技術が大規模になったことで、行政や企業が提供できるサービスというのが、飛躍的に大きく、速く、良質なものになってきています。

先ほど、防犯の話をしましたが、警察の科学的捜査力やさまざまな防犯技術、それをいかした民間警備会社の警備システムなどの組織力の革新が、現実に犯罪を減らす力は相当大きなものがあります。

こうした行政や企業の圧倒的な技術や組織力に比べると、社会的なサービスをおこなう存在としては、町内会のできることは限られているという指摘もあります。

もちろん、行政や企業にはできないサービスをつくりだしている町内会もあり、世の中にはそうしたサービスを紹介する本もけっこうみかけます。ただ、町内会全体をみたときには、必ずしもそうとはいえません。

では、町内会は不要なのでしょうか。

私はそうは思いません。

こうした社会サービスの分野では主体は行政や民間企業、つまり巨大で効率的な組織体になってきており、町内会でできることはプラスアルファでしかないとしても、それでもなお町内会にしかできないことがあります。

それは、「自分はこのまちの一員だ」というコミュニティー意識、共同体意識をつくりだすことそのものです。

「自分はこのまちの一員だ」という気持ちをつくる

社会学者のマッキーバーという人は、コミュニティーというものを定義するときに、「コミュニティー意識をもっていること」というのをあげています。平たく言えば、「自分はここの一員であり、みんなここの一員なんだ」という意識です。町内会に則していえば、「自分はこのまちの一員だし、みんなもその一員なんだ」という気持ちです。

これをもっているかどうかがコミュニティーかどうかを分ける決定的なものです。行政学者の中川剛氏は、

「大衆社会の市民にできる自治行政は、じつに限られたものである。街燈の管理や街路（それも町内の）清掃、運動会、連絡事務といったところが、現実の市民の自治行政能力をよく示していると思われる。日常的で身近でさしたる労役ともならないことでなければ、無理なくできることにはならない。それ以上の参加が可能であるとすれば、共通の利害、共通の目標によって結ばれた集団とならざるを得ず、地域の枠を越えてしまう。また無理のない範囲での活動を上まわると、強制によらなければ実施できないことになる」

「町内会の重要な機能は、意識の面で市民的連帯感情の基盤を提供するところにある。町内会の些少な活動や行事は、むしろそのための手段である。町内会活動が過重な負担となり、参加が半義務化してはならないのは、自治意識の生成という貴重な目標が損なわれるからである」

と述べています。

一例として、団地の草むしりをあげます。

草むしりなんて、共益費のなかから公社や管理会社が委託業者に頼んでパッとやってもらった方がはるかに早いでしょう。しかし、みんなで集まってだらだらとおしゃべりしながら草むしりをした方が、情報交換になって、親睦がふかまり、知らず知らずのうちに、コミュニティー意識を持つことができます。

制度化されキツい義務になったり、委託された責任ある業務になったりしたとたんに、私たちはその草むしりを「嫌だなあ」と感じるのではないでしょうか。多少の義務感はあっても、楽しくやれる範囲であれば、それはむしろ快楽となり、仲間意識を生みます。

最近読んでいたライトなエロマンガで（苦笑）、田舎に残った主人公が「町内会」の行事として草むしりをするシーンに出会いました（図5―3）。好きだった同級生が都会から田舎に戻ってきていっしょに草むしりをするのですが、古くからの商店のおっちゃんやおばちゃんと世間話をかわし、そのことが共同体意識をかもしだし、全体の心地

図5-3

ハルミチヒロ『あまい声』竹書房、2014年、104ページ

よさや快楽をつくりだしています。

快楽を追求するマンガの中に、だしぬけにこういうシーンがあることを興味深く読みました。共同体やコミュニティー意識をもつことが、「心地よいもの」として表現されているからです。

別に草むしりでも、お祭りでも、餅つきでも、運動会でも、なんでもかまいません。親睦をふかめ、そのことがコミュニティーとしての意識を少しでも深めることができるものであれば、それこそが行政や企業にはできない、町内会として本当にやる意義のあるものではないでしょうか。

町内会という規模でなくても、班や組の範囲、つまり10世帯くらいの規模で、たとえばバーベキューをやったりするだけでもこうしたコミュニティー意識をもつことはできるはずです。草むしりの後にセットでバーベキューをやれば、楽しみが増え、参加者も広がろうというものです。

こうした親睦や交流が日常的にあれば、いざ災害というときにも、不器用ながら助け合うことができると確信します。

私が窮余の策でたどりついた「ミニマム町内会」は、実際には夏祭りと餅つきぐらいしかやっていません。しかし、それこそが町内会の一番大事な部分であるコミュニティー意識をつくりだしているのではないかと思うようになりました。

楽しみのための親睦行事を、ちょろちょろやるだけでも、なんとかなるものです。というか、それこそが町内会の一番コアの部分だということに、もっと自信を持ってもらえたらうれしいなと思います。

図6

中沢啓治『はだしのゲン　1』中公文庫、1998年、50ページ

町内会をめぐる2つのイメージ

原爆の悲惨さと焼け跡でたくましく生きる少年・ゲンを描いた中沢啓治のマンガ『はだしのゲン』には、ゲン一家をいじめる町内会長が登場します（図6）。『はだしのゲン』の中には、ゲンをいじめる〝悪役〟が数多く登場しますが、それらの〝悪役〟には必ず戦争の影がつきまとい、〝悪役〟とならざるを得なかった、「もう一つの事情」が同情を込めて描かれます。

ところがこの町内会長だけは、徹頭徹尾悪役のまま。ゲンの父親を戦争に協力しない非国民と罵《ののし》り、ゲン一家を村八分にします。そして戦後はそんなことがなかったかのように「平和の戦士」の顔をして市会議員選挙に出るという卑劣漢です。

現実の歴史の中でも、占領軍が町内会長の「追放」（国政選挙からの影響排除）を考えていたとき、吉田茂首相は、〝メチャクチャな町内会長が一部にいたことは事実だけど、それはコミュニストの宣伝だから信じないでほしい〟という趣旨の手紙をマッカーサー元帥に書いています（1946年10月31日）。

利権にまみれ、因習にとらわれ、従わない人間を村八分にする――ちょっと極端かもしれませんが、私は高校のころ、自分の実家のある田舎の空気がとても嫌いで、町内会とか町内会長というようなものも、このようなイメージでとらえていたことがあります。

そして、私自身はコミュニストです。…と言うと「売国奴」「極悪人」のように思う人も世の中にはいるので（笑）、どうかびっくりしないでください。冒頭に述べた「コミュニティーと自由」にかかわる問題だと思うので、あえて表明しました。

ちょうど高校生のころにコミュニストになり、不条理な校則の押しつけに反対する運動などをして、人間の自由をしばったり、抑圧したり、同調圧を加えようとするものとたたかう気満々でした。町内会というものを、よく知りもせず、同じようなイメージでとらえていました。年配のコミュニストの中には町内会を実際にそんなイメージでとらえ、私同様、毛嫌いしていた人がいたことも事実です。

戦争に反対したコミュニストが戦前はまさに「非国民」扱いされ、弾圧されていたことを考えると、こうしたものとたたかおうとするのは、故無きことではないのです。

しかし、月日が流れ、私も大人になると、むしろ知り合いのコミュニストの中には、町内会活動にハマり、熱中している人を少なからず見受けるようになりました。「町内会長のコミュニスト」を私はたくさん知っています。

もともと「コミュニズム」という言葉は「共同」を意味するラテン語「コムニスcommunis」からきていて、「コミュニティー」などと同じ語源を持っています。万人の孤独な競争ではなく人間の共同による社会をめざそうとしているわけで、コミュニティーの活動などに価値を見出すことはコミュニストとして不思議なことではありません。

特にここ10年ほど、貧困や失業が大きな社会問題となり、そうした人を支えるコミュニティーの大事さが強調されるようになりました。また、東日本大震災をきっかけにしてコミュニティーや「絆」の大事さが叫ばれるようになったことはご存じのとおりです。

私はコミュニストとして、人間を縛り抑圧する因習の巣のような「町内会」のイメージと、人間の共同や絆を大切にする「町内会」のイメージと、両極端なものにふれてきました。まさに、「コミュニティーと自由」という2つのイメージに引き裂かれていたのです。

しかし、私は本書で書いたように、否応なく巻き込まれて町内会活動にたずさわるようになったのですが、実際に体験をしてみて、こうしたイメージは、どちらも頭の中だけで考えた、机上のものにすぎないことを味わうことができました。

引き裂かれていた2つのイメージは、実践をくぐる中で、粉々になったのです。

経験を解毒する

ただし、経験というものには、強い毒があります。

あまりに強烈に体と心にしみ込むために、自分の経験こそが絶対だという思いが、抜けきらなくなってしまうのです。

それを解毒するためには、他のものと比較したり、結び付けたり、筋道だって考えたりするしかありません。大げさにいえば、理論の力でその経験を組み立て直すのです。昨今、観光客のように軽く接することの方が、あたかも、経験の奴隷にならない賢いやり方であるかのように主張するむきもありますが、「少し経験して、悟る」なんてことは、そうそう凡人にできることではありません。少なくとも私は、経験に泥まみれになり、みっともない格好になりながら、物事を筋道だって考えることでそこから這《は》い上がってくる他ないだろうと思っています。

本書はそのような姿勢で書かれた町内会論ですが、相変わらず私自身が経験した、狭い範囲の考えや結論にとどまっているおそれは、多分にあります。多くの方のご意見やご批判を歓迎するものです。

後継者ができて本書の成否がはかられる

本稿を書いている今日も、「自転車を駐輪場に置かずにエレベーターで階上に上げ、自分の部屋の前に置いている奴をなんとかしてほしい」という苦情が、年配男性から、新自治会代表である私の携帯電話にかかってきました。

その男性は、10分ほど電話でしゃべったあと、「ああ、なんだか話したらスッキリしたなあ。なんか、自分のほうが短気だったような気がしてきた。話を聞いてもらって、すまんね」と言って電話を切りました。

いっしょに自治会のスタッフをやっている大岡さんのところには、「団地の廊下の電球が切れているところがいっぱいある。自治会がだらしないせいだ」という匿名の苦情電話がありました。大岡さんは、さっそく切れた電球を調べて回っていました。

お互い、「よくやるなあ」といったところです。少しの好奇心と、他人の役に立てるという心地よさで、こういうちょっと面倒くさいことをやっているわけです。町内会の役を「好きだからやっている」と言うと怒る人がいますが、「好きだからやっている」というのはある程度当たっています。「好きだからやれる」ような仕事にしないと、後を継いでやる人もいなくなるでしょう。そして、後を継いだ会長や役員も、「好きなこと」だけを町内会でやればいいんじゃないかと私は思います。

2年後の2016年、私は今の団地を出ていきます。連れあいの職場の関係で、転居が決まっているのです。そのとき、私のこれまでの仕事ぶりをみて、「あれなら自分にもできそうだ」「何か楽しそうにやっているじゃないか」と思ってもらって「引き受けてもいいよ」という人が出てくれれば、たぶん、私の町内会論はそう間違っていなかったことが証明できるんじゃないかと思っています。

私は町内会という組織を必要な組織だと考えており、日本の土台の一つをなしていると思っています。それだけに、私の町内会論がその改革の一助になれば、社会を大もとから良くしていくことに、微力ながら貢献できるのではないかと思っています。

本書は、編集の桜井健一さんからのお声かけと尽力で実現しました。打ち合わせの際に桜井さんからコミュニストの私に対して、その対極ともいうべき新自由主義的な発想をさまざまに投げかけていただき、私は大いに刺激を受けながら本書を書き上げました。厚くお礼を申し上げます。

最後に、私のような未熟な自治会長を支えてくれた団地のスタッフの皆さん。皆さんがいなければ本書は存在しませんでした。心から感謝し、本書を捧げます。

（追記）２０１５年12月に筆者は転居し、同月、その後継として、子育て世代二人を含む４名が「共同代表」として新たに就任しています。

あとがきのあとがき

10年たっても読まれ続けて

本書が世に出て10年。増刷の知らせを聞き、感謝するとともに、10年もの間、本書が多くの人に読み継がれていることに驚きを隠せません。町内会をめぐる基本的な状況が変わっていないからです。本書で取り上げたデータはところどころ古くなっていますが、どのデータも基本的な趨勢は変わっていません。たとえば本書86〜87ページにある、「自分は自治会・町内会に入っている」と意識している住民の率は、2021年では38・7％で若干上がりましたが、7割もあった最盛期から大きく減ったままです。

総務省は2021年に有識者からなる「地域コミュニティに関する研究会」を立ち上げ、報告書を翌年まとめましたが、そこでは「担い手不足」「加入率の低下」「役員等の負担軽減」などが課題としてあげられました。まさに本書で指摘したことが、国をあげて考える問題として、いよいよクローズアップされてきたのだと感じています。

改革の先駆けとして

それでも本書を出したときは驚かれた「ゆるゆるの町内会」への変身、すなわち負担軽減のための抜本的な町内会改革の試みは、今やすっかり当たり前のものとなり、全国津々浦々で聞かれるようになりました。本書の「会費なし・義務なし・手当なし」という「ミニマム町内会」でさえ、他の地域でも実践されていることがその後わかりました。（拙著『どこまでやるか、町内会』〔ポプラ新書〕で紹介）

個々の改革案ではなく、町内会の本質が任意加入の団体であり、ボランティアであることが基本であって、親睦を中心にコミュニティー意識をつくりだすこと以外は、町内会の抱えている無数の仕事は思い切ってリストラしてもよい、という大もとの哲学が、時代の方向性に合致し、多くの人に共感してもらえたのだと思います。その意味で本書は改革の嚆矢となれたと自負しています。

またしても「つるしあげ」にあい…

実は最近、私の所属していた組織から、ある有名なメンバーが追放されたのですが、私はそのやり方がおかしいと会議で異論を述べたために幹部に目をつけられ、ありもしない「ルール違反」の罪を着せられました。私一人に幹部五人で〝謝れ〟〝さもないとお前も追放だ〟と迫られましたが、まったく身に覚えがないので、きっぱり拒否しました。

このように私はまたしても「つるしあげ」に遭ったわけです。その経過をSNSに書いたところ、「紙屋さんって、いろんなところでつるしあげられているんですね…」と驚いた人がいました。本書を読み返してみると、確かにその通りだなと……。

それだけでなく、個々の活動の負担を軽くし、一人一人が楽しく参加できてこそ、多くの人が居着き組織の後継者ができる、と本書で主張している点など、自分が気にかけてきた運動団体や政党にも言えることだなと改めて痛感させられました。

本書のサブタイトルは「コミュニティーと自由の実践」であり、その両者が対立するのか、調和するのか、そこが大きなテーマです。まさに町内会にとどまらず、このテーマが日本のいろんな場所で問われ続けているのだと思います。

本書が、そのことを考える上で、少しでも役に立てば幸いです。

（追記）本書で取り上げられていた、筆者が２０１５年の転居時まで会長を務めていた自治会は、２０２４年９月現在も後継が続けられています。

引用・参考文献

（順不同。初出のみ表示し、次章以降は省略した）

第1章

内閣府『平成19年度　国民生活白書』、2007年／総務省「地縁による団体の許可事務の状況等に関する調査結果」2008年／辻中豊・ロバート・ペッカネン・山本英弘『現代日本の自治会・町内会』木鐸社、2009年／佐藤良子『命を守る東京都立川市の自治会』廣済堂新書、2012年／稲葉陽二『ソーシャル・キャピタル入門』中公新書、2011年／読売新聞2014年5月26日付／日本農業新聞2014年1月8日付／中田実・山崎丈夫・小木曽洋司『増補版　地域再生と町内会・自治会』自治体研究社、2009年／ロバート・ペッカネン『日本における市民社会の二重構造』木鐸社、佐々田博教訳、2008年／山田哲弥・村田明子「分譲マンションにおけるコミュニティ組織」、清水建設研究所報告第91号所収、2014年／京都市『地域活動ハンドブック』2013年／京都市「自治会・町内会アンケート報告書」2012年度、2013年／全国社会福祉協議会ホームページ http://www.shakyo.or.jp/about/index.htm

第2章

なかむらみつのり『びんぼうまんが家！　都内で月3万円の3DKに住んでます』芳文社、2013年／東京市長会「地域力の向上に関する基礎調査報告書」2008年／横浜市「自治会町内会実態調査・自治会町内会加入状況」2013年4月1日／琉球新報2013年8月27日付／内閣府「町内会・自治会等の地域のつながりに関する調査」2007年／明るい選挙推進協会「第46回衆議院議員総選挙全国意識調査」２０１３年／八尾市「町会活動に関するアンケート調査報告書」２０１２年／廿日市市「町内会・自治会に関するアンケート調査結果報告書」２０１３年／長谷川裕編『格差社会における家族の生活・子育て・教育と新たな困難　低所得者集住地域の実態調査から』労働旬報社、２０１４年／福岡市「平成22年度自治協議会・自治会等アンケート報告書」２０１１年／福岡市『自治会活動ハンドブック　第２次改訂版』（福岡市自治協議会等７区会長会監修）、２０１０年／横浜市防犯灯のあり方検討会「防犯灯のあり方について検討会からの提案」２０１０年横浜市市民局「自治会町内会・地区連合町内会アンケート調査報告書」２０１２年度／佐藤文明『あなたの「町内会」総点検［三訂増補版］地域のトラブル対処法（プロブレムＱ＆Ａ）』緑風出版、２０１０年／「全国公団自治協」２０１４年６月15日号／アリストテレス『政治学』京都大学学術出版会、牛田徳子訳、２００１年／はてな匿名ダイアリー　http://anond.hatelabo.jp/20130724173518／太田明夫「負担だった葬式に駆り出される２日間の話」・「季刊地域」農文協、２０１３年夏季号所収／中川剛『町内会　日本人の自治感覚』中公新書、１９８０年／こうの史代『この世界の片隅に　上』双葉社、２００８年／札幌市の『町内会活動のヒント』『町内会活動のヒント資料編』２０１１年

第３章

ロバート・Ｄ・パットナム『孤独なボウリング　米国コミュニティの崩壊と再生』柏書房、柴内康文訳、２００６年／坂上香「ゆるやかにつながるしかけ」・「ちいさいなかま」ちいさいなかま社、２０１３年８月号所収

第4章
中田実『地域分権時代の町内会・自治会』、自治体研究社、2007年／広島市『町内会・自治会お役立ち情報』2013年／自由民主党「今後の社会保障に対するわが党の基本的な考え方（骨子案）」2012年／伊豫谷登士翁・齋藤純一・吉原直樹『コミュニティを再考する』平凡社新書、2013年／小諸市『小諸市自治基本条例逐条解説』2010年／大塚玲子『PTAをけっこうラクにたのしくする本』太郎次郎社エディタス、2014年／中田実編著『世界の住民組織　アジアと欧米の国際比較』自治体研究社、2000年

終章・あとがき
中田・山崎・小木曽・小池田『町内会のすべてが解る！「疑問」「難問」100問100答』じゃこめてい出版、2008年／岩崎・鯵坂・上田・高木・広原・吉原編『増補版　町内会の研究』御茶の水書房、2013年／警察庁「平成25年の犯罪情勢」2014年／「エコノミスト」2013年7月20日号（JBプレス訳）／厚生省大臣官房統計情報部「人口動態統計からみた阪神・淡路大震災による死亡の状況」1995年・阪神・淡路大震災調査報告編集委員会『阪神・淡路大震災調査報告　総集編』2000年所収／自治大学校『戦後自治史　Ⅰ』、1960年／ハルミチヒロ『あまい声』竹書房、2014年／中沢啓治『はだしのゲン　1』中公文庫、1998年

紙屋高雪

かみや・こうせつ

1970年愛知県生まれ、京都大学法学部卒。マンガ評論家。ブログ「紙屋研究所」でのマンガ評、軽妙な文体で綴る社会時評、家事・育児・地域活動の体験記等が人気を博し、各大学の入試問題で活用されることも。狡猾な国会答弁に「ご飯論法」と命名し、2018年ユーキャン新語・流行語大賞トップテンを法政大学教授・上西充子氏と共同受賞。著書に『どこまでやるか、町内会』(ポプラ新書)、『マンガの「超」リアリズム』(花伝社)、『不快な表現をやめさせたい!?』(かもがわ出版)など多数。

小学館新書 207

“町内会”は義務ですか?

~コミュニティーと自由の実践~

二〇一四年十月六日　初版第一刷発行

二〇二四年十月六日　第八刷発行

著者　紙屋高雪

発行者　村山　広

発行所　株式会社小学館

〒一〇一-八〇〇一　東京都千代田区一ツ橋二-三-一

電話　編集：〇三-三二三〇-五五〇九

販売：〇三-五二八一-三五五五

装幀　おおうちおさむ

印刷・製本　中央精版印刷株式会社

Printed in Japan　ISBN 978-4-09-825207-7